WIR WERDEN LESEDETEKTIVE

Lehrermanual

Vandenhoeck & Ruprecht

Erarbeitet von:

Katja Rühl
Elmar Souvignier

Mit Zeichnungen von Katja Rühl

Quellen: S. 28 und 30: Michaela Greisbach, Der Hirtenjunge und der Wolf, aus: Arbeitsbuch Lesen 1, S. 105, © 1998
Cornelsen Verlag Berlin, Best.-Nr. 600602.

Bibliografische Information Der Deutschen Bibliothek

Die Deutsche Bibliothek verzeichnet diese Publikation in der
Deutschen Nationalbibliografie; detaillierte bibliografische Daten sind
im Internet über http://dnb.ddb.de abrufbar.

ISBN 3-525-31007-2

Wir werden Lesedetektive

Das Unterrichtsprogramm „Wir werden Lesedetektive" wurde auf der Grundlage des bewährten Programms „Wir werden Textdetektive" (Gold, Mokhlesgerami, Rühl, Schreblowski, Souvignier, 2004) entwickelt. Ziel war es, insbesondere für leistungsschwächere Schülerinnen und Schüler (Hauptschule, Schule für Lernbehinderte) der Jahrgangsstufen 5 bis 8 ein strategieorientiertes Programm anzubieten, das – angepasst an das Leistungsniveau von Lernenden mit zum Teil gravierenden Leseschwierigkeiten – Unterstützung beim systematischen, planvollen Herangehen an Texte bietet. Gleichzeitig sollte mit diesem in der Schwierigkeit reduzierten Programm auch Unterrichtsmaterial zur Verfügung gestellt werden, das bereits in der Grundschule einen Einstieg in die selbstständige Nutzung von Lesestrategien erlaubt. (Weitere Informationen zu den beiden Programmen finden Sie auf der Homepage der Textdetektive: www.textdetektive.de)

Das Programm wurde in zwei Studien mit insgesamt 40 Klassen auf seine Wirksamkeit hin erprobt. In einer ersten Studie wurden positive Effekte für das Leseverständnis, das Wissen über Lesestrategien und das Leseinteresse festgestellt (Souvignier & Rühl, 2005). In der zweiten Untersuchung bestätigten sich diese Befunde und es zeigte sich zudem, dass die Leistungsverbesserungen auch vier Monate nach Abschluss des Unterrichtsprogramms stabil waren.

Die Befunde aus der IGLU- und der PISA-Studie legen es nahe, Schülerinnen und Schülern Kompetenzen im selbstständigen Umgang mit Texten zu vermitteln. Zudem hat es sich als sinnvoll erwiesen, Lernende zur Nutzung einer kleinen Zahl von Strategien anzuleiten, die quasi als ständiges „Handwerkszeug" genutzt werden. Dass dies auch bei geringem Wortschatz und niedriger Lesegeschwindigkeit prinzipiell möglich ist, belegen mehrere Untersuchungen. Wie sich in den eigenen Studien zeigte, können der Einsatz von Strategien und die damit einhergehenden Erfolgserlebnisse zudem motivierend wirken. Nicht zuletzt schafft die Anleitung zum selbstregulierten Lesen früh eine gute Grundlage zum Erarbeiten von Lernstoff während der weiteren Bildungslaufbahn und später eine wesentliche Voraussetzung für berufsvorbereitende Qualifikation.

Theoretischer Rahmen des Programms: Selbstreguliertes Lernen

Die Fähigkeit „selbstreguliert zu lernen" (Boekaerts & Corno, 2005) ist Voraussetzung für den schulischen wie außerschulischen Wissenserwerb. Vor dem Hintergrund lebenslanger Lernprozesse kann diese Lernform als Schlüsselqualifikation angesehen werden, die wachsende Menge verfügbarer Information angemessen und aufgabengerecht zu bewältigen. Um Lern- und Leseprozesse selbst regulieren zu können ist es notwendig, kognitive Strategien zu beherrschen und deren Einsatz metakognitiv zu überwachen.

Zur Förderung des selbstregulierten Lernens aus Texten werden zwei Bausteine eingesetzt, die den oben genannten Aspekten Rechnung tragen. Es gibt:
– kognitive Lesestrategien als Handwerkszeug zum Verstehen und Behalten von Texten,
– metakognitive Lesestrategien zur Kontrolle und Überwachung des Wortverstehens.

Integriert werden die o.g. Komponenten im Rahmen einer Checkliste. Hier wird ein Leitfaden zum systematischen Einsatz der Methoden erarbeitet. Anschließend wenden die Schüler diese Checkliste auf einen Text an, setzen die Lesestrategien selbstständig ein und überprüfen ihren Lernerfolg. Detaillierte Informationen zu den einzelnen Bausteinen finden Sie an den entsprechenden Stellen.

Ziel des Unterrichtsprogramms ist es, ein Set von Lesestrategien zu vermitteln und deren Einsatz zu üben. Nach Abschluss der Trainings wissen die Schülerinnen und Schüler, dass aktives Lesen im Sinne des „selbstregulierten Lernens" einen erfolgreichen Umgang mit Texten unterstützt. Sie wissen, welche Methoden sie zur Unterstützung des Verstehens und Behaltens von Texten auswählen sollten und wie sie den Leseprozess durch Lesestrategien überwachen und steuern können.

Die Vermittlung der Lesestrategien erfolgt eingebettet in eine kriminalistische Rahmenhandlung. Die Schülerinnen und Schüler werden zu „Lesedetektiven" ausgebildet, die Fälle lösen und dafür aus Texten relevante Informationen entnehmen. Passend zur Rahmenhandlung heißen die Lesestrategien daher „Detektivmethoden".

Literatur

Boekaerts, M. & Corno, L. (2005). Self-regulation in the classroom: A perspective on assessment and intervention. *Applied Psychology, 54,* 199-231.

Gold, A., Mokhlesgerami, J., Rühl, K., Schreblowski, S. & Souvignier, E. (2004). *Wir werden Textdetektive.* Arbeitsheft und Lehrermanual. Göttingen: Vandenhoeck & Ruprecht.

Souvignier, E. & Rühl, K. (2005). Förderung des Leseverständnisses, Lesestrategiewissens und Leseinteresses von Schülern mit Lernbehinderungen durch strategieorientierten Unterricht. *Heilpädagogische Forschung, 31,* 2-11.

Die Rolle des Unterrichtenden als Vermittler der Programminhalte

Ein Programm zur Förderung des Leseverstehens ist dann erfolgreich, wenn es zu einer positiven Veränderung der Lernkompetenzen führt, die langfristig aufrecht erhalten bleibt und selbstständig auf andere Aufgabenbereiche / Texte übertragen werden kann. Unterrichtende tragen als Vermittler der Programminhalte wesentlich zur Effektivität des Unterrichtsprogramms bei.

– Zur Einübung der Lesestrategien ist es z.B. nach dem Konzept des Modelllernens hilfreich, die jeweilige Methode laut kommentierend vorzumachen. Die Schülerinnen und Schülern haben dadurch Gelegenheit, relevantes Verhalten zu beobachten, das sie aktiv nachahmen können.

– Gemeinsame Reflexionen zur Effektivität des Strategieeinsatzes sind wichtig. Die Erkenntnis, einen Text mit Hilfe des Strategieeinsatzes besser verstanden / behalten zu haben, wirkt sich positiv auf die Motivation aus und erhöht die Wahrscheinlichkeit einer erneuten Anwendung.

– Langfristig werden Strategien aufrecht erhalten und für neue Aufgabenfelder generalisiert, wenn explizite Informationen über Nutzen und Anwendungsmöglichkeiten gegeben werden (sog. „Informierendes Training").

– Vor allem durch den kontinuierlichen Rückgriff auf die Strategien im regulären Unterricht kann ein zeitlicher und aufgabenbezogener Transfer dauerhaft erreicht werden.

Idealerweise sollte der Unterrichtsablauf einer Sequenz von Phasen folgen. Zunächst werden – lehrergeleitet – Strategien vorgestellt und explizit Informationen über deren Nutzen gegeben. Die Anwendung der Strategien wird anschließend modellhaft illustriert, bevor sie gemeinsam anhand von Texten geübt werden. Dabei werden Hilfestellungen sukzessive ausgeblendet, die Anwendung erfolgt eigenständig oder in Partnerarbeit, bevor noch einmal gemeinsam über Nutzen und Schwierigkeiten reflektiert wird. Im Anschluss an die Klärung offener Fragen und Schwierigkeiten übernehmen nun – schülerzentriert – die Lernenden selbst die Verantwortung für Entscheidungen.

Aufbau des Lehrermanuals

Das Lehrermanual umfasst fünf Lerneinheiten. Die zu vermittelnden Inhalte werden pro Lerneinheit exemplarisch in Stunden unterteilt. Da die Anzahl benötigter Unterrichtsstunden jedoch stark von den Vorkenntnissen und Fähigkeiten einer Klasse und von sonstigen Unterrichtsverpflichtungen abhängt, steht es Ihnen selbstverständlich frei, die Lerninhalte an die Lerngeschwindigkeit Ihrer Klasse anzupassen und die Anzahl der Stunden entsprechend zu variieren.

Jede Lerneinheit ist in mehrere aufeinander folgende Lernschritte eingeteilt, die im Manual nacheinander beschrieben werden.

Rechte Manualseite:

– Die rechte Seite des Manuals enthält für die einzelnen Lerninhalte eine kurze Übersicht über die **Ziele** und das **Material** (in Stichpunkten).

- In einer Tabelle finden Sie jeweils einen fettgedruckten Leitfaden zur Vermittlung bzw. Erarbeitung der Lerninhalte. Dieser kann zusätzlich ausformulierte Beispiele eines Unterrichtsgesprächs in Hinblick auf den zu vermittelnden Lehrstoff enthalten.
- Anmerkungen und Wissenswertes zur Durchführung werden unter dem Stichwort **wichtige Hinweise** aufgeführt.
- In der Rubrik **Weitere Anregungen** werden weitere Vorschläge zur Unterrichtsgestaltung gegeben. Hier finden Sie auch Verweise auf zusätzliches Unterrichtsmaterial, das sich im Anhang befindet.

Linke Manualseite:
- Die linke Seite des Manuals enthält unter **Bemerkungen für die Unterrichtenden** Hintergrundinformationen zu der betreffenden Lerneinheit. Darüber hinaus sind die verwendeten Arbeitsmaterialien und Unterrichtsbeispiele zur Umsetzung bestimmter Lerninhalte abgebildet.

Erklärung der Symbole/ Abkürzungen:

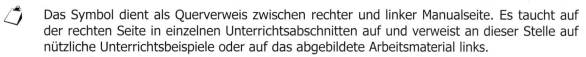 Das Symbol dient als Querverweis zwischen rechter und linker Manualseite. Es taucht auf der rechten Seite in einzelnen Unterrichtsabschnitten auf und verweist an dieser Stelle auf nützliche Unterrichtsbeispiele oder auf das abgebildete Arbeitsmaterial links.

 Mit diesem Buchsymbol markierte Seitenzahlen beziehen sich immer auf das Arbeitsheft.

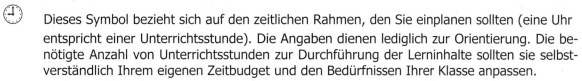 Dieses Symbol bezieht sich auf den zeitlichen Rahmen, den Sie einplanen sollten (eine Uhr entspricht einer Unterrichtsstunde). Die Angaben dienen lediglich zur Orientierung. Die benötigte Anzahl von Unterrichtsstunden zur Durchführung der Lerninhalte sollten sie selbstverständlich Ihrem eigenen Zeitbudget und den Bedürfnissen Ihrer Klasse anpassen.

DM Im Text finden Sie anstelle des Wortes **D**etektiv**M**ethode die Abkürzung DM.

Arbeitsheft

Das Arbeitsheft für Schülerinnen und Schüler enthält sämtliche Arbeitsmaterialien, Texte und Merkblätter, die während des Trainings benötigt werden.

Anhang

Hier gibt es zusätzliches Arbeits- und Übungsmaterial, das Sie verwenden können, sowie einen Test (S. 70-72), den Sie zur Überprüfung des Lernerfolgs mit Ihren Schülern durchführen können (richtige Antworten: 1b, 2a, 3a, 4c, 5d, 6b). Hinweise zu diesen Materialien finden Sie im Folgenden.

Textauswahl

Es wurden spannende und anregende Texte ausgewählt, die unterschiedliche Themenbereiche vom Tiersachtext bis zur Kriminalgeschichte repräsentieren, um einen Transfer der erlernten Methoden auf unterschiedliche Textsorten zu ermöglichen. Alternativ können die Lesestrategien natürlich auch anhand anderer Texte vermittelt werden.

Wir wünschen Ihnen und Ihrer Klasse viel Erfolg!

Die Autoren

Bemerkungen für die Unterrichtenden– zur Rahmenhandlung

Die Parallele zur Arbeit eines Detektivs wurde gewählt, weil sie das planende und methodische Vorgehen im Umgang mit Texten verdeutlicht, das Inhalt des Lesetrainings ist. Aus diesem Grund kommt es bei der Erarbeitung des Arbeitsblattes nicht so sehr auf Einzelheiten an. Wichtig ist, dass die Schüler die Parallele und damit die Rahmenhandlung des Trainings erfassen.

Tafelbild

Detektive	Lesedetektive
Was macht ein Detektiv? ...	Was macht ein Lesedetektiv? ...
Welche Eigenschaften braucht ein Detektiv? ...	Welche Eigenschaften braucht ein Lesedetektiv? ...
Welche Hilfsmittel hat ein Detektiv? ...	Welche Hilfsmittel hat ein Lesedetektiv? ...

Zu Tafelbild und Arbeitsblatt

Anstelle eines Tafelbildes bzw. der Bearbeitung im Arbeitsblatt können Sie die Parallele ›Detektiv / Lesedetektiv‹ auch in Form eines Posters erarbeiten, das anschließend in der Klasse aushängt.
Das ausgefüllte Arbeitsblatt (S. 5 📖) ist als Anregung und Illustration gedacht; die Schülerinnen und Schüler entwickeln sehr schnell eigene Ideen und Formulierungen. Bei Zeitknappheit kann das Arbeitsblatt gekürzt werden.

Arbeitsblatt S. 5 📖

Detektive 🔍	Lesedetektive 📖
Was macht ein Detektiv?	**Was macht ein Lesedetektiv?**
- er bekommt einen Auftrag - er befragt Leute - er beobachtet Leute - er sammelt Informationen - er kombiniert und zieht Schlussfolgerungen	- er bekommt eine Aufgabe - er sammelt Informationen aus dem Text - er kombiniert und zieht Schlussfolgerungen
Welche Eigenschaften braucht ein Detektiv?	**Welche Eigenschaften braucht ein Lesedetektiv?**
- gründlich sein - geduldig sein - sich konzentrieren - sich gut einschätzen	- muss Text gründlich lesen - geduldig lesen - sich konzentrieren - sich gut einschätzen

Ziele	Einführung in die Rahmenhandlung Gemeinsames Erarbeiten der Parallele Detektiv – Lesedetektiv
Material	Arbeitsheft Ggf. Zusatztext: „Der Streich" (Anhang S. 53) Tafelbild: „Detektive – Lesedetektive" Arbeitsblatt: „Was macht ein Detektiv?" S. 5 📖

Erarbeitung	**Arbeitshefte austeilen**

Gemeinsames Erarbeiten der Parallele Detektive – Lesedetektive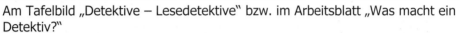

Am Tafelbild „Detektive – Lesedetektive" bzw. im Arbeitsblatt „Was macht ein Detektiv?"
In der nächsten Zeit werdet ihr zu Lesedetektiven ausgebildet. Ihr fragt euch bestimmt: Was sind Lesedetektive? Um diese Frage zu beantworten, überlegen wir uns zuerst, was richtige Detektive machen.

Vorschlag zur Umsetzung:
Die Geschichte „Der Streich" (Text im Anhang S. 53) vorlesen und das Rätsel lösen, damit die Schülerinnen und Schüler die Arbeit eines Detektivs verstehen. Was passiert in der Geschichte? Was haben die Schüler gemacht? – Eine Aufgabe bekommen, Informationen gesammelt, kombiniert und Schlussforderungen gezogen.

Dann die Aufgaben, Eigenschaften und Hilfsmittel eines Detektivs erarbeiten und im Anschluss Analogien zum Lesedetektiv finden lassen:
Was ist typisch für Detektive? Was können Detektive besser als andere Leute? Was macht ein Lesedetektiv? Was können Lesedetektive besser als andere Leser?

Anschließend gemeinsam das Arbeitsblatt ausfüllen.

Gemeinsames Erarbeiten der Bedeutung eines Lesedetektivs
– in Hinblick auf den Umgang mit Texten in und außerhalb der Schule:
Warum könnte es sich lohnen, ein Lesedetektiv zu werden?
Wenn ihr an gestern denkt, was habt ihr da alles gelesen?
Wo wird überall gelesen?

Zusammenfassung und Ausblick
In den nächsten Stunden wollen wir dann gemeinsam zu Lesedetektiven werden und einzelne Detektivmethoden kennen lernen.

Weitere Anregungen	Die Parallele kann gut anhand eines Rollenspiels erarbeitet werden. Legen Sie eine Lupe, Notizblock, Zeitung, Sonnenbrille und Hut (zur Tarnung) auf den Tisch. Anhand der Utensilien kann gemeinsam überlegt werden, welche Aufgaben ein Detektiv hat. Bei dieser Form der Erarbeitung sollten Sie eine Doppelstunde einplanen.

Bemerkungen für die Unterrichtenden – zu den Detektivmethoden

Die Detektivmethoden können in zwei Gruppen unterteilt werden:

__Verstehensmethoden__ dienen dem inhaltlichen Verständnis von Texten. Durch die Lesestrategie „Überschrift beachten" werden mögliche Inhalte des nachfolgenden Textes antizipiert. Die Methode aktiviert das bereichsbezogene Vorwissen und dient dazu, den Text damit anzureichern. Die aus dem Text entnommenen Informationen können so in das bereits vorhandene Wissen integriert und dadurch leichter verstanden werden.
Metakognitive Strategien unterstützen das Verstehen, indem die Schülerinnen und Schüler mit deren Hilfe ihren Leseprozess überwachen und kontrollieren. Die Strategie „Umgang mit Textschwierigkeiten" unterstützt sie dabei, während des Lesens Textschwierigkeiten zu beachten, zu klären und das Verstehen von Wörtern zu überprüfen.

Mit der __Behaltensmethode__ „Wichtiges zusammenfassen" werden Textinhalte aktiv bearbeitet, neu organisiert und gekürzt und es werden relevante Textinformationen in eigenen Worten zusammengefasst. Ziel ist es, sich den Text besser merken zu können. Die Umsetzung der Methode beinhaltet jedoch auch Elemente, die zu einem tieferen Verständnis von Textinhalten führen.

Das Anfertigen einer Zusammenfassung lässt sich in zwei Phasen unterteilen:
- *In einem ersten vorbereitenden Schritt entwickeln die Schüler Fragen zum Text, die sie stichpunktartig beantworten. Das kontinuierliche Wechselspiel zwischen dem Generieren und Beantworten von Fragen hat zur Folge, dass die Schüler intensiver über die Textinhalte nachdenken und den Text besser verstehen.*
- *In einem zweiten Schritt wird mit Hilfe der so erarbeiteten Stichpunkte der Textinhalt zusammengefasst. Der Text wird auf seine wesentlichen Aussagen reduziert, Informationen werden neu organisiert und in eigenen Worten aufgeschrieben. Anhand der selbst formulierte Zusammenfassung lassen sich die Textinhalte besser behalten.*

Die __Integration__ aller Detektivmethoden erfolgt in Form einer „Checkliste", mit der die Schülerinnen und Schüler die erworbenen Strategien selbstständig bei neuen Texten anwenden und die Angemessenheit des Strategieeinsatzes überprüfen können.

Beispiel

> Frau Meyer erzählt beim Verhör:
> „Also, ich habe ein Alibi, ich war am Abend des Mordes mit einem Herrn beim Griechen."
>
> Herr Kaiser lässt folgende Bemerkung fallen:
> „Ich bin mit einer alten Freundin von 19 bis 21 Uhr griechisch essen gegangen."
>
> Welche Schlussfolgerung könnte ein Detektiv aus den Aussagen ziehen?
> Obwohl weder Frau Meyer noch Herr Kaiser einen Namen genannt hat,
> zieht ein Detektiv die Schlussfolgerung, dass wohl die beiden zusammen zum Essen gegangen sind.

Wieder-holung	Inhaltlicher Wiedereinstieg durch gemeinsames Erinnern, Auffrischen, Erarbeiten
Erarbeitung	**Gemeinsames Erarbeiten** Warum lohnt es sich, zu einem Lesedetektiv zu werden? Lohnt sich das nur in der Schule? Wo lest ihr noch Texte? Was müssen Lesedetektive alles können?
Wichtige Hinweise	Auf die große Bedeutung des Umgangs mit Texten auch außerhalb der Schule (Internet, Zeitungen, Zeitschriften, Bedienungsanleitungen, Bücher...) hinweisen.

Ziele	Gemeinsames Erarbeiten des Themas „Verstehen" Einführung in die Verstehensmethoden
Erarbeitung	Heute soll es darum gehen, wie man Texte gut versteht. Beim Verstehen geht es darum, einen Text sorgfältig zu lesen, nicht nur die einzelnen Wörter, sondern den Gesamtzusammenhang zu verstehen. **Gemeinsames Erarbeiten des Themas „Verstehen"** **an der Parallele Detektive / Lesedetektive** Wie geht ein *Detektiv* vor, um einen Fall zu lösen, um zu verstehen, wie sich alles zugetragen hat? Er wird alle Leute befragen und versuchen einen Zusammenhang herzustellen ... **Detektivbeispiel gemeinsam erarbeiten** **Zusammenfassung** Als *Lesedetektive* gehen wir genauso vor: Wir lesen den Text sorgfältig und versuchen dabei, nicht nur die einzelnen Wörter, sondern den ganzen Text zu verstehen. In den nächsten Stunden lernen wir Methoden kennen, die wir immer auf Texte anwenden werden. Wir werden auf eine ganz bestimmte Art und Weise den Text lesen und ihn wie Lesedetektive untersuchen. Dadurch werden wir die Inhalte besser verstehen.

Bemerkungen für die Unterrichtenden – zur Detektivmethode 1

Die DM 1 „Überschrift beachten" fördert das Verstehen von Texten. Im Alltag wenden wir diese Strategie häufig automatisch an. Die Thematisierung dieser Strategie im Schulunterricht soll die Schüler und Schülerinnen jedoch dazu veranlassen, sie bewusst und gezielt einzusetzen. Ihre Aufgabe ist es, sich anhand der Informationen aus der Überschrift zu überlegen, um was es in dem Text geht.

DM 1: Überschrift beachten

Während und nach dem Lesen überprüfen sie dann, ob ihre Vermutungen zum Textinhalt gepasst haben.
Ziel der DM 1 ist es, das bereichsbezogene Vorwissen zu aktivieren. Die Methode erleichtert so das Verstehen und ermöglicht eine tiefere Durchdringung der Textinhalte.

***Wichtig** ist die Unterscheidung zwischen Sachtexten und narrativen Texten, aus der sich unterschiedliche Fragestellungen für die Schüler und Schülerinnen ergeben:*
Bei Sachtexten wird gefragt: Was weiß ich schon über das Thema?
Bei einer Geschichte wird überlegt: Wovon könnte die Geschichte handeln?

Möglicher Einstieg

Buchtitel eignen sich gut zum Einstieg in die Methode bzw. zur Illustration: Sie können für Ihre Klasse ansprechende Bücher mitbringen und die Schülerinnen und Schüler anhand der Buchtitel überlegen lassen, um was für ein Buch es sich handelt (z.B. Lexikon – Sachbuch oder Harry Potter – Geschichten) und was der Titel bereits über den Inhalt des Buches verrät.

Beispiele

Überschrift: „Das Leben der Steinzeitmenschen"
Hier in dem Text muss es um Steinzeitmenschen gehen und darum, wie sie lebten. Steinzeitmenschen wohnten in Höhlen und jagten Tiere. Sie trugen keine richtigen Kleider aus Stoff, vielmehr nähten sie sich aus Fellen Kleider. Wie sah ein Steinzeitmensch denn aus? Welche Waffen hatte er wohl? ...

Überschrift: „Am Abend"
Irgendetwas ist am Abend passiert, aber mehr weiß man nicht darüber. Die Überschrift ist nicht sehr aussagekräftig, dazu könnten 1000 Dinge passen.
Es gibt also auch Überschriften, die nicht so viel aussagen, bei denen wir nicht so viel über eine Geschichte erfahren. Wir können aber trotzdem überlegen, was für einen Abend typisch ist: Es ist dunkel, man kann ein Fest feiern oder man geht schlafen und träumt. Zumindest ist man mit solchen Überlegungen schon ein wenig auf die Geschichte vorbereitet.

Weitere Überschriften zum Üben
Der Piranha   Die Wüste lebt   Die Jagd nach dem grünen Diamanten
Die Nachtwanderung   Ein schreckliches Erlebnis   Als ich zum ersten Mal kochte
Der Hund – dein Freund und Helfer

Ziele	Gemeinsames Erarbeiten und Üben der DM 1
Material	Kärtchen: „Detektivmethode 1" Beispielüberschriften

Erarbeitung	**Kärtchen „Detektivmethode 1" besprechen** Was macht die Lesedetektivin auf dem Kärtchen? Das Erste, was wir von einer Geschichte lesen, ist eine *Überschrift*. Hier kommt gleich die DM 1 zum Einsatz: Wir stoppen, lesen nicht weiter und fragen uns, wovon der Text handeln könnte. Oft wendet ihr die Methode automatisch an, z.B. wenn ihr ein Buch kaufen wollt und beim Lesen des Titels überlegt, was wohl darin stehen könnte. Bei schwierigen Texten ist es besonders wichtig, diese Methode bewusst einzusetzen, denn mit ihr regen wir unser Nachdenken an. Das hilft uns, später beim Lesen mehr von dem Text zu verstehen, weil wir dann vorbereitet sind. • Bei *Sachtexten* stellen wir uns die Frage: Was weiß ich schon darüber? • Bei *Geschichten* fragen wir uns: Wovon könnte die Geschichte handeln?
Üben	**Gedanken zu Beispielüberschriften sammeln** Vorschläge zur Umsetzung: Beispielüberschriften an die Tafel schreiben, DM 1 anwenden lassen. Schüler denken sich eigene Überschriften aus, die Klasse überlegt, was für ein Text sich dahinter verbergen könnte. Eigene Überschriften von bekannten / nicht bekannten Geschichten / Texten auf Karten schreiben und von den Schülern ziehen lassen. Jeder Schüler stellt seine Überschrift vor und denkt laut, was er zur Überschrift weiß. Die Klasse hilft dabei. Bei bekannten Texten kann gut geprüft werden, was die Überschrift über den Text verrät.
Festigung	**Besprechen der Überschriften** Darauf hinweisen, dass Überschriften unterschiedlich gut zur Vorbereitung auf einen Text geeignet sind, da sie unterschiedliche Informationen beinhalten: Zu manchen Überschriften ist euch viel eingefallen, zu anderen weniger. Woran könnte das liegen? Was machen wir, wenn wir die Überschrift gelesen haben? Wir lesen den Text und prüfen, ob wir unsere Einfälle darin wiederfinden.

Weitere Anregungen	Die Kärtchen können vergrößert im Klassenraum aufgehängt und im Laufe des Trainings zu einer Übersicht über alle Detektivmethoden zusammengesetzt werden. Detektivgeschichten zum Weiterlesen: *Die drei Fragezeichen-Kids* (Ulf Blanck), *Kalle Blomquist* (Astrid Lindgren), *Nick Knatterton* (Manfred Schmidt), *Ein Fall für TKKG* (Stefan Wolf) *Fünf Freunde* (Enid Blyton)

Arbeitsblatt S. 6 📖

Was fällt mir zu der Überschrift ein?

1. Wie Regen entsteht

_____

_____

_____

_____

2. Der Zirkus

_____

_____

_____

_____

_____

Zur Überschrift: Wie Regen entsteht
Die Schüler können ihr Vorwissen zum Wasserkreislauf aktivieren und sich fragen, wie Regen im Wasserkreislauf gebildet wird.

Beispiel: Durch die Wärme der Sonne verdunstet aus Meeren, Flüssen, Seen Wasser. Der dabei entstehende Wasserdampf steigt auf. Es bilden sich Wolken, die vom Wind weitergeblasen werden und schließlich als Regen wieder auf der Erde landen. Dieses Regenwasser versickert durch verschiedene Sand-, Erd- und Gesteinsschichten in eine unterirdische Wasserlandschaft. An manchen Stellen sprudelt es als Quelle wieder aus der Erde – Flüsse und Seen werden unter- und oberirdisch von Grundwasser gespeist.

Wie die Flüsse auf der Erdoberfläche so strömt auch das Grundwasser Richtung Meer. Dort angekommen, verdunstet das Wasser durch die Wärme der Sonne, steigt auf, bildet Wolken – der Wasserkreislauf schließt sich.

Tafelanschrieb zur Überschrift „Der Zirkus" - Beispiel

Anhand der Überschrift könnte den Schülerinnen und Schülern Folgendes einfallen:

- Zirkusbesuch
- Zirkuszelt
- wilde Tiere
- Clowns
- Kunststücke
- Zauberer
- ....

Hausaufgabe	Eigenständiges Anwenden der DM 1
Material	Arbeitsblatt: „Was fällt mir zu der Überschrift ein?" , S. 6 📖
Üben	**Eigenständiges Üben der DM 1** Die Schülerinnen und Schüler tragen ihre Einfälle in das Arbeitsblatt ein.
Wichtige Hinweise	Mit dem Text: „Der Zirkus" wird in der folgenden Lerneinheit gearbeitet, so dass die in der Hausaufgabe formulierten Vermutungen zur Überschrift nach Bearbeitung des Textes überprüft werden können.

Ziele	Eigenständiges Anwenden der DM 1
Material	Arbeitsblatt: „Was fällt mir zu der Überschrift ein?" , S. 6 📖
Üben	**Gemeinsam den Inhalt der letzten Stunde wiederholen** Was haben wir in der letzten Stunde gemacht? Wir haben die erste DM kennen gelernt. Worauf achten wir zuerst, wenn wir Bücher oder Texte lesen? Wir lesen zuerst die Überschrift und stoppen. Dann fragen wir uns, was wir zu der Überschrift schon wissen. **Besprechen der ersten Überschrift des Arbeitsblatts** **Besprechen der zweiten Überschrift des Arbeitsblatts** Was ist euch zu der Überschrift „Der Zirkus" eingefallen? Was ist ein Zirkus? Was kann man dort sehen? Vorschläge zur Umsetzung: Ideen werden an der Tafel notiert. Schüler fragen sich in Kleingruppen, was sie zu dem Thema wissen und sammeln ihre Ideen. Bilder zur Überschrift malen lassen, anschließend Ideen zum Zirkus anhand der Bilder erarbeiten.

Arbeitsblatt S. 9

Der Zirkus

Neulich kam ein Zirkus nach **Oslo**. Tage vergingen, aber es kam kein Mensch.
Keiner wollte die Vorstellung sehen. Der **Akrobat** hockte traurig auf den
leeren Zirkusbänken. Man setzte sogar die Eintrittspreise immer weiter
herunter. Doch keiner kam.

Schließlich hatte der **Direktor** einen tollen Einfall. Er malte ein großes rotes
Plakat mit der Aufschrift: „Eintritt frei!". Damit ritt er auf einem Zirkuspferd
durch die ganze Stadt. Jetzt kamen die Zuschauer in Scharen. Die **Artisten**
zeigten ihre Kunststücke in der **Manege**; so heißt die runde Sandfläche in der
Mitte im Zelt. Die **Clowns** machten viele Späße. Sie warfen Dinge durch die
Luft und fingen sie wieder auf. Sie **jonglierten**. Die **Dompteure** zeigten die
Kunststücke ihrer gefährlichen Tiger und die stärksten Männer des Zirkus
stemmten ihre Gewichte.

Nach Schluss der Vorstellung drängten alle eilig zum Ausgang. Aber an der Tür
standen die   starken Männer und ließen ihre riesigen Muskeln spielen. Über
ihnen hing ein Plakat: „Ausgang – zwei Euro pro Person". Alle zahlten. Alle.
Abends zählte der Zirkusdirektor das Geld. Soviel hatten sie noch nie an
einem Abend verdient. „Das war eine gute Idee", dachte er und machte vor
Freude einen **Salto**.

Allgemeines zum Merkblatt S. 7

Zur Festigung soll das Wissen über die jeweilige DM in Form eines Merkblattes fixiert werden (siehe Anhang S. 54-57). Die Methoden können dort zur Erinnerung nachgelesen und nachvollzogen werden. Das ausgefüllte Merkblatt dient als Erarbeitungsvorschlag. Den Schülern und Schülerinnen fallen jedoch auch eigene Formulierungen ein, die übernommen werden können. Alternativ können Sie mit der Klasse selbst formulierte Regeln zur DM 1 erarbeiten, die Sie auf einem Poster festhalten und im Klassenraum aufhängen.

Arbeitsblatt S. 8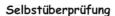

Selbstüberprüfung
Bist du ein guter Lesedetektiv im Umgang mit Überschriften?

1) Gute Lesedetektive lesen zuerst:
⊙ die Überschrift
○ den ganzen Text
○ den letzten Satz
2 Gute Lesedetektive stellen sich zur Überschrift folgende Frage:
○ Was soll ich tun?
⊙ Was weiß ich schon zu dem Text?
○ Wie lange ist der Text?
3) Was machen Lesedetektive nach dem Lesen eines Textes?
⊙ Sie prüfen, ob die Überlegungen zur Überschrift gepasst haben.
○ Sie lesen den Text noch einmal.
○ Sie machen gar nichts mehr.
4) Warum denken Lesedetektive über die Überschrift nach?
○ Sie müssen den Text dann nicht mehr richtig lesen.
○ Sie wollen die Überschrift behalten.
⊙ Sie verstehen dann mehr, wenn sie den Text lesen.

Zum Arbeitsblatt:
Zu jeder Strategie gibt es ein Arbeitsblatt zur Überprüfung des eigenen Lernfortschrittes und des Methodenverständnisses.

Die Arbeitsblätter werden selbstständig ausgefüllt und kontrolliert. Bei falschen Aussagen kann im Merkblatt nachgelesen und so die richtige Antwort herausgefunden werden. Richtige Aussagen sind hier im Manual markiert.

Ziele	Eigenständiges Anwenden der DM 1
Material	Merkblatt: „Detektivmethode 1", S. 7 📖 Arbeitsblatt: „Selbstüberprüfung", S. 8 📖 Arbeitsblatt: „Der Zirkus", S. 9 📖 Je nach Umsetzung des Merkblattes: Folien (vgl. Anhang), DIN A2 Posterpapier
Lesen	**Gemeinsames Lesen des Textes „Der Zirkus"** Wir lesen nun den Text zur Überschrift „Der Zirkus" und prüfen, ob unsere Überlegungen zur Überschrift tatsächlich zum Text passen.
Reflexion	**Gemeinsame Reflexion über den Text** Stimmt das, was wir uns zu dem Text gedacht haben? Hat das Nachdenken über die Überschrift geholfen, den Text besser zu verstehen?
Festigung	**Ausfüllen des Merkblattes: „Detektivmethode 1"**
Selbst-überprüfung	**Arbeitsblatt: „Selbstüberprüfung" ausfüllen lassen** In den nächsten Stunden werden wir weitere Herangehensweisen an Texte kennen lernen. Am Ende werden wir richtige Lesedetektivspezialisten sein. Um zu sehen wie gut ihr schon seid, könnt ihr überprüfen, ob ihr noch alles wisst. (Richtige Antworten: 1a, 2b, 3a, 4c)
Wichtige Hinweise	Die Prüfung, ob die Überlegungen zur Überschrift mit den Inhalten des Texts übereinstimmen, sollte nicht nach dem Schema „richtig / falsch" erfolgen. Viel- mehr ist es wichtig, die Schülerinnen und Schüler darauf hinzuweisen, dass sie Informationen aus dem Text besser verstehen konnten, weil sie vorher über ähn- liche Inhalte nachgedacht hatten.
Weitere Anregungen	Eine weitere Methode über den Text hinauszugehen, ist das bildliche Vorstellen von Texten. Die Schülerinnen und Schüler stellen sich jedes Detail vor ihrem inne- ren Auge vor. Alternativ kann der Textinhalt nachgestellt oder ein Bild zu einer Szene gemalt werden. Durch die Visualisierung des Geschehens wird der Text aufmerksamer gelesen, Einzelheiten und schwierige Textstellen werden dadurch besser verstanden. Als Vorübung zum bildlichen Vorstellen eignen sich Phanta- siereisen.

Bemerkungen für die Unterrichtenden – zur Detektivmethode 2

Textschwierigkeiten gehören zum Alltag. Beim Lesen stoßen wir immer wieder auf unbekannte Wörter – wichtig ist deshalb der angemessene Umgang mit Textschwierigkeiten. Die Schülerinnen und Schüler sollen auf keinen Fall einfach weiterlesen. Stattdessen wenden sie die DM 2 an.
Die Methode ist eine metakognitive **Verstehensstrategie.**
Metakognitive Strategien unterstützen die Fähigkeit des Lesers, das eigene Lerngeschehen zu steuern, zu überprüfen und zu regulieren.
Im Zusammenhang mit Textschwierigkeiten hilft der Einsatz der DM 2 den Schülerinnen und Schülern Textprobleme selbstständig zu bearbeiten und zu lösen.
Sie sollen bei Textschwierigkeiten das Lesen unterbrechen und die betreffende Stelle markieren. Anschließend wählen sie aus drei Lösungsalternativen die passende für ihr Verständnisproblem aus. Sie klären das schwierige Wort, indem sie

- *das Wort aus dem Text ableiten (selbstständiges Klären der Wortbedeutung ohne Hilfe),*
- *im Lexikon nachschlagen (selbstständiges Klären der Wortbedeutung mit Hilfe),*
- *jemanden fragen (Klären der Wortbedeutung mit Hilfe).*

Zuletzt überprüfen sie, ob sie das Problem auch tatsächlich behoben haben.
Wichtig ist, den Schülern zu vermitteln, dass es keine allgemein gültige Lösung, sondern unterschiedliche Lösungsmöglichkeiten für ein Problem gibt. Die Entscheidung für eine Lösungsalternative hängt dabei von der jeweiligen Situation bzw. von der Art der Textschwierigkeit ab. Die kontinuierliche und systematische Anwendung der Methode soll die Schüler dazu befähigen, eigenständig angemessene Lösungswege auszuwählen.

Tafelbild: „Umgang mit Textschwierigkeiten" (vgl. Rückseite des Detektivkärtchens DM 2)

> Wenn ich ein Wort nicht kenne, dann stoppe ich.
> Ich kringele das schwierige Wort ein.
> Ich löse mein Verständnisproblem:
> – Ich schaue im Text nach, ob das Wort erklärt wird.
> – Ich schaue im Lexikon nach.
> – Ich frage jemanden (Eltern, Lehrer, Freunde).
> Ich schreibe mir auf, was das Wort bedeutet.
> Ich lese den Satz mit dem schwierigen Wort noch einmal und frage mich:
> Verstehe ich den Satz jetzt besser?
> Wenn ja, lese ich weiter.

Zum Arbeitsblatt S. 9 📖
Schwierige Textstellen sind hier hervorgehoben. Auf weitere Textschwierigkeiten der Schülerinnen und Schüler sollte natürlich ebenfalls eingegangen werden.

> Der Zirkus
> Neulich kam ein Zirkus nach **Oslo**. Tage vergingen, aber es kam kein Mensch. Keiner wollte die Vorstellung sehen. Der Eisverkäufer aß sein Eis selbst und der **Akrobat** hockte traurig auf den leeren Zirkusbänken. Man setzte sogar die Eintrittspreise auf den Plakaten immer weiter herunter. Doch keiner kam.
>
> ....

Ziele	Gemeinsames Erarbeiten des Themas: „Umgang mit Textschwierigkeiten"
Material	Kärtchen: „Detektivmethode 2" Arbeitsblatt: „Der Zirkus", S. 9 📖
Erarbeitung	**Einführen in das Thema „Textschwierigkeiten"** In dem Text „Der Zirkus" gelesen haben, kamen viele schwierige Wörter vor. Könnt ihr euch noch an ein schweres Wort erinnern? (z.B. jonglieren). Heute lernen wir eine Methode kennen, wie Lesedetektive mit schwierigen Wörtern umgehen, damit sie den Inhalt von Texten besser verstehen. **Erarbeiten des Tafelbildes: „Umgang mit Textschwierigkeiten".** Satz gemeinsam lesen. Schema der DM 2 als Modell an einem schwierigen Wort vormachen. Anwenden der drei Lösungsalternativen auf das Wort *Oslo*. „Neulich kam ein Zirkus nach Oslo". Stopp. Ich kenne das Wort nicht. Ich kringele das Wort daher ein. Was nun? Ihr hattet sicher auch schon einmal Schwierigkeiten, wenn ihr einen Text gelesen habt. Was habt ihr gemacht, um das Problem zu lösen? Ist das Wort im Text erklärt? Nein. Dann kann ich jemanden fragen. Wenn keiner da ist, den ihr fragen könnt, was könnt ihr dann tun? Wisst ihr, was Oslo heißt? Oder was es ist? Es könnte eine Stadt sein. Aber welche Stadt? Wir schauen im Lexikon nach und machen uns schlau: Oslo ist die Hauptstadt von Norwegen. **Textverständnis prüfen** Jetzt lese ich den Satz noch mal. Neulich kam ein Zirkus nach Oslo – also in die Hauptstadt von Norwegen. Habe ich den Satz besser verstanden? Ja? Dann kann ich weiterlesen. **Kärtchen: „Detektivmethode 2"** Wir wollen bei schwierigen Wörtern in Zukunft immer so vorgehen, wie wir es heute gelernt haben. Als kleine Merkhilfe steht der Ablauf hinten auf dem Detektivkärtchen. Ggf. die Rückseite des Kärtchens gemeinsam lesen!
Reflexion	Wir haben viele nützliche Lösungsmöglichkeiten kennen gelernt, die uns bei schwierigen Textstellen helfen können. Es gibt keine einheitliche Lösung für alle Textprobleme. Wir versuchen bei Textschwierigkeiten, je nach Situation / Problem die beste Lösung zu finden.
Wichtige Hinweise	Die Schülerinnen und Schüler sollen erkennen, dass einfaches Weiterlesen bei Texten schnell zu größeren Verständnisproblemen führt und daher keine geeignete Lösungsmethode darstellt.

Arbeitsblatt S. 9 📖

> Der Zirkus
> Neulich kam ein Zirkus nach **Oslo**. Tage vergingen, aber es kam kein Mensch.
> Keiner wollte die Vorstellung sehen. Der **Akrobat** hockte traurig auf den
> leeren Zirkusbänken. Man setzte sogar die Eintrittspreise immer weiter
> herunter. Doch keiner kam.
> Schließlich hatte der **Direktor** einen tollen Einfall. Er malte ein großes rotes
> Plakat mit der Aufschrift: „Eintritt frei!". Damit ritt er auf einem Zirkuspferd
> durch die ganze Stadt. Jetzt kamen die Zuschauer in Scharen. Die **Artisten**
> zeigten ihre Kunststücke in der **Manege**; so heißt die runde Sandfläche in der
> Mitte im Zelt. Die **Clowns** machten viele Späße. Sie warfen Dinge durch die
> Luft und fingen sie wieder auf. Sie **jonglierten**. Die **Dompteure** zeigten die
> Kunststücke ihrer gefährlichen Tiger und die stärksten Männer des Zirkus
> stemmten ihre Gewichte.
> Nach Schluss der Vorstellung drängten alle eilig zum Ausgang. Aber an der Tür
> standen die starken Männer und ließen ihre riesigen Muskeln spielen. Über
> ihnen hing ein Plakat: „Ausgang – zwei Euro pro Person". Alle zahlten. Alle.
> Abends zählte der Zirkusdirektor das Geld. Soviel hatten sie noch nie an
> einem Abend verdient. „Das war eine gute Idee", dachte er und machte vor
> Freude einen **Salto**.

Textschwierigkeit lösen durch Nachschlagen im Lexikon oder jemanden fragen
1) Akrobat 2) Direktor, Artisten, Clowns, Salto (analoges Vorgehen)

> **1. Stopp. Ich weiß nicht, was ein Akrobat ist. Ich markiere das Wort.**
> **2. Welche Lösungsmöglichkeiten habe ich?**
> *Ich könnte in einem Fremdwörterlexikon nachschauen.*
> *Ich könnte weiterlesen und gucken, ob das Wort im Text erklärt wird.*
> *Ich könnte jemanden fragen.*
> **3. Ich kläre das schwierige Wort.**
> *Es wird nicht im Text erklärt. Ich schaue daher im Lexikon nach.*
> **4. Habe ich mein Wortproblem gelöst?**
> *Ich weiß jetzt, dass ein Akrobat ein Künstler ist, der mit großer körperlicher Geschicklichkeit*
> *Kunststücke macht.*
> **5. Ich lese weiter.**

Textschwierigkeit lösen durch Nachschauen im Satz
1) Manege 2) jonglieren, Dompteure (analoges Vorgehen)

> **1. Stopp. Ich kenne das Wort Manege nicht. Ich markiere das Wort.**
> **2. Welche Lösungsmöglichkeiten habe ich?**
> *Ich könnte in einem Fremdwörterlexikon nachschauen.*
> *Ich könnte weiterlesen und gucken, ob das Wort im Text erklärt wird.*
> *Ich könnte jemanden fragen.*
> **3. Ich kläre das schwierige Wort.**
> *Hier steht, dass die Manege die runde Sandfläche in der Mitte des Zirkuszeltes ist. Es ist also*
> *der Platz, an dem die Künstler, Clowns und Tiere auftreten.*
> **4. Ist die Schwierigkeit aufgehoben?**
> *Ja, das Wort wird im nächsten Satz erklärt, ich weiß nun, was es bedeutet.*
> **5. Ich lese weiter.**

Ziele	Gemeinsames Anwenden der Methode: „Umgang mit Textschwierigkeiten"
Material	Arbeitsblatt: „Der Zirkus", S. 9 📖 Lexikon, Fremdwörterbuch

Üben	**Wiederholen der letzten Stunde**
	Heute werden wir den Text Satz für Satz lesen und die schwierigen Wörter wie gute Lesedetektive klären.
	
	Text gemeinsam lesen / Modellieren der DM 2 am Wort Akrobat ✏
	  Antworten werden gemeinsam erarbeitet, wobei die Lehrerin / der Lehrer durch Nachfragen hilft, unterschiedliche Möglichkeiten zu finden. Schwierige Wörter werden entweder aus dem Kontext erschlossen oder mit Hilfe eines Lexikons gelöst. Es können auch Mitschüler gefragt werden:
	
	  Das Wort hört sich komisch an, was sollte ich da machen?
	  Ach ja, sofort unterbrechen, die Stelle markieren und mir überlegen, wie ich das Wort klären kann....
	
	Weitere Textschwierigkeiten bearbeiten
	  Mit zunehmender Sicherheit sollen die Schülerinnen und Schüler die Wörter selbstständig klären. Hierfür steht ein Arbeitsblatt zur Verfügung (vgl. Hausaufgabe nächste Seite).

Wichtige Hinweise	Das systematische, planende Vorgehen, das sich ergibt, wenn das Schema durchgearbeitet wird, ist wichtig und sollte auf jeden Fall beibehalten werden! Prüfen Sie bei einigen Wörtern nach, ob diese bekannt sind und inhaltlich erklärt werden können! Oft meinen die Kinder alles verstanden zu haben, bei genauem Nachfragen ergeben sich dennoch Erklärungsschwierigkeiten. Die Schülerinnen und Schüler sollen lernen mit einem Lexikon umzugehen. Daher sollen einige Textstellen an Hand von Lexika oder Fremdwörterbüchern geklärt werden. Eine Alternative zum Lexikon stellt das Internet dar. Falls es Ihr Zeitbudget zulässt und Ihre Schule einen Internetzugang besitzt, können Sie zeigen, wie man mit Hilfe von Suchmaschinen z.B. Wörterbücher im Internet finden und schwierige Wörter klären kann.
Weitere Anregungen	Wenn Schwierigkeiten beim Nachschlagen von Wörtern im Lexikon oder Duden auftreten, empfiehlt sich ein Exkurs zum Umgang mit Nachschlagewerken. Folgende Nachschlagewerke bzw. Übungen haben sich bewährt: Josef Greil, Wortprofi. München: Oldenbourg Das Alphabet, aus: Deutschbuch – Grundausgabe, Arbeitsheft 5, Cornelsen Verlag, S. 62-63

Arbeitsblatt S. 10-12 📖

Üben der Detektivmethode 2: Umgang mit Textschwierigkeiten

1. Problem

  1. Das schwierige Wort heißt:

  _____

  2. Was kann ich tun, um das Problem zu lösen?

  _____

  3. Welche Lösung wende ich am besten an?

  _____

  _____

  4. Was bedeutet das Wort?

  _____

Lies den Satz mit dem schwierigen Wort noch einmal.
5. Wort gelöst? ○ ja ○ nein   (Suche eine neue Lösung)

2. Problem
...

Zum Arbeitsblatt

Den Schülerinnen und Schülern stehen insgesamt drei dieser Arbeitsblätter zur Verfügung. Sie können damit sechs der im Lehrermanual als problematisch gekennzeichneten Textstellen bearbeiten.

Hausaufgabe	Eigenständiges Anwenden der DM 2
Material	Arbeitsblatt: „Der Zirkus", S. 9 📖 Arbeitsblatt: „Üben der DM 2", S. 10-12 📖
Üben	**Anwenden der DM 2 auf die restlichen schwierigen Wörter im Text** Vorschläge zur Umsetzung: Die Schülerinnen und Schüler lesen den Text unter Anwendung der DM 2 zu Ende und tragen ihre Lösungen mit Bleistift in die dafür vorgesehenen Arbeitsblätter „Üben der DM 2" ein. Die Schüler lesen den Text zu Ende und schreiben sich die problematischen Stellen heraus, die in der darauf folgenden Stunde gemeinsam in der Klasse bzw. Kleingruppe bearbeitet werden.
Wichtige Hinweise **Weitere Anregungen**	Die Lösungsmöglichkeiten sollen *mit Bleistift* in die Arbeitsblätter eintragen werden, um in der Hausaufgabenbesprechung Korrekturen vornehmen zu können. Alternativ zu den Textschwierigkeiten im Text „Zirkus" eignet sich das Arbeitsblatt dazu, eigene schwierige Wörter vorzugeben, die die Schüler zu Hause nachschlagen sollen (allerdings entfällt dadurch für die Schüler die Lösungsmöglichkeit, im Text nachzuschauen). Die Schüler können sich alternativ auch eigene schwere Wörter zu Hause ausdenken, auf Karten schreiben und in der nächsten Unterrichtsstunde ziehen und von den Mitschülern klären lassen. Die Lösungen sollten die betreffenden Schüler selbst auch kennen, um falsche Aussagen zu korrigieren.

Arbeitsblatt S. 13

Lückentext
Wenn du alle schwierigen Wörter gelöst hast,
kannst du folgende Fragen beantworten:
Die Hauptstadt von Norwegen heißt *Oslo*.
Die runde Sandfläche im Zirkuszelt nennt man *Manege*.
Wenn jemand alle möglichen Dinge durch die Luft wirft
und wieder auffängt, nennt man das *Jonglieren*.
Was machen Dompteure? *Sie dressieren wilde Tiere*.
Was ist ein Salto? *Ein Salto ist ein Überschlag in der Luft.*

Was war die gute Idee des Zirkusdirektors?
Die gute Idee war, dass
○ ...er auf einem weißen Pferd durch die Stadt ritt.
○ ...die Zuschauer umsonst die Vorstellung im Zirkus sahen.
⊙ ...die Zuschauer keinen Eintritt, aber Geld für den Ausgang zahlen mussten.
○ ...der Clown jonglierte.
○ ...die starken Männer die Muskeln spielen ließen.

Arbeitsblatt S. 15

Selbstüberprüfung
Bist du ein guter Lesedetektiv
im Umgang mit schwierigen Wörtern?

1) Gute Lesedetektive
○ lesen bei schwierigen Wörtern weiter.
⊙ stoppen bei schwierigen Wörtern.
○ kennen alle schwierigen Wörter.

2) Wie klären gute Lesedetektive schwierige Wörter?
○ Sie kringeln die Wörter ein und lesen weiter.
○ Sie lesen den Satz wieder und wieder.
⊙ Sie schauen im Lexikon nach.

3) Was machen Lesedetektive nach dem Klären des Wortes?
⊙ Sie lesen den Satz mit dem gelösten Wort noch einmal und prüfen,
  ob sie ihn verstanden haben.
○ Sie lesen gleich den nächsten Satz.
○ Sie lesen noch einmal das schwierige Wort.

4) Warum klären Lesedetektive schwierige Wörter?
○ Sie wollen sich die Zeit vertreiben.
⊙ Sie verstehen den Satz besser, wenn sie das Wort kennen.
○ Sie können die Wörter dann besser auswendig lernen.

Ziele	Eigenständiges Anwenden der DM 2 Festigung der DM 2
Material	Arbeitsblatt: „Üben der DM 2", S. 10-12 📖 Arbeitsblatt: „Lückentext", S. 13 📖 Merkblatt: „Detektivmethode 2", S. 14 📖
Übung	**Arbeitsblatt: „Üben der DM 2" besprechen** **Arbeitsblatt: „Lückentext" ausfüllen lassen und gemeinsam besprechen** Ihr habt die Methode gut angewendet. Jetzt könnt ihr selbst überprüfen, welche neuen Wörter ihr kennt und ob ihr alle Wörter richtig gut klären konntet.
Reflexion	**Mit den Schülern ihre Erfahrungen mit der Methode besprechen.** Ist es euch schwergefallen, die Wörter nach der Methode zu klären? Hattet ihr das Gefühl, ihr braucht länger für den Text? Warum wenden wir die Methode an, wenn dadurch das Lesen länger dauert? Hat sie euch geholfen, den Lückentext besser auszufüllen? **Die gute Idee des Zirkusdirektors gemeinsam reflektieren** Was war die gute Idee des Zirkusdirektors? Was denkt ihr? Wie hat er es geschafft, dass der Zirkus so viel Geld eingenommen hat? Der Eintritt war frei. Deshalb sind viele Leute gekommen. Sie wussten aber nicht, dass sie Geld bezahlen müssen, wenn sie den Zirkus wieder verlassen wollen. Da jeder nach Hause wollte, mussten sie wohl bezahlen. Was meint ihr: Wie haben sich die Zuschauer gefühlt? Was wird der Zirkus als Nächstes machen? Er wird schnell seine Zelte abbrechen und in die nächste Stadt reisen.
Festigung	**Merkblatt: „Detektivmethode 2" ausfüllen**

Hausaufgabe	Eigenständiges Anwenden der DM 2
Material	Arbeitsblatt: „Selbstüberprüfung", S. 15 📖
Üben	**Ausfüllen des Arbeitsblattes: „Selbstüberprüfung"** Damit ihr selbst überprüfen könnt, wie gut ihr als Lesedetektive im Umgang mit Textschwierigkeiten seid, füllt das Arbeitsblatt mit Fragen aus. Richtige Antworten: 1b, 2c, 3a, 4b
Weitere Anregungen	Zum weiteren Üben der DM 2 „Umgang mit Textschwierigkeiten" an einem Sachtext steht Ihnen im Anhang, S. 58-59, der Sachtext „Die Tarnung" zur Verfügung.

Bemerkungen für die Unterrichtenden – zur Detektivmethode 3

*Die DM 3 gehört zu den **Behaltensmethoden**. Ziel der DM 3 ist es, einen Text auf seinen wesentlichen Inhalt zu reduzieren. Die Entscheidung welche Informationen wichtig sind, erfordert eine intensive Auseinandersetzung mit dem Text und setzt dabei ein grundlegendes Verstehen des Textes voraus. Da der Text über die Anwendung der Methode verkürzt wird, hat die Methode auch den Zweck, das Behalten der Textinhalte zu erleichtern.*
Das Zusammenfassen von Texten fällt leichter, wenn man die Struktur eines Textes erkennt. Geschichten und Sachtexte sind in vielen Fällen nach einem bestimmten Aufbau gegliedert. Geschichten haben typischerweise

- *eine Ausgangssituation / auslösende Situation,*
- *einen Handelnden mit bestimmten Motiven und Zielen,*
- *eine Beschreibung des Versuchs, das Ziel zu erreichen,*
- *ein Resultat / Ergebnis.*

Die Struktur einer Geschichte kann erarbeitet werden, indem die Schülerinnen und Schüler sich systematisch Fragen zum Text stellen und diese über Notizen beantworten. Die Textstellen, aus denen die Informationen entnommen werden, können durch Markierungen kenntlich gemacht werden. Sinnvoll ist es, den Inhalt langer Textstellen in eigenen Worten wiederzugeben statt diesen abzuschreiben. Die Verwendung eigener Worte hilft, den Text besser zu verstehen, weil über den Inhalt intensiver nachgedacht werden muss. Darüber hinaus werden unklare Textstellen durch die Formulierung eigener Sätze leichter bemerkt.

Nach dem Herausschreiben der wichtigsten Informationen wird die Quintessenz / der Sinn der Geschichte herausgearbeitet. Auch hierfür gibt es Leitfragen, an denen sich die Schülerinnen und Schüler orientieren können: Die Handlung einer Person ist in einer Geschichte stets zielgerichtet; der Akteur verfolgt ein Ziel bzw. hat eine bestimmte Motivation oder einen Auftrag. Durch die Überwindung eines Problems oder eines Konfliktes wird das Ziel schließlich erreicht bzw. nicht erreicht. Die explizite Formulierung des Konfliktes und dessen (Nicht-)Lösung fördert ein tieferes Verstehen von Geschichten.

Detektivkärtchen DM 3: „Zusammenfassen von Geschichten"

Ich lese die Geschichte und frage mich:
- Welche Personen gibt es? Wer ist wichtig?
- Wie fängt die Geschichte an? Was haben die Personen vor?
- Welches Ziel / welchen Auftrag haben die Personen?
- Welches Problem taucht auf? Was passiert nacheinander?
- Wie geht die Geschichte aus?

Ich beantworte jede Frage mit Notizen. Ich lese sie durch.

Dann schreibe ich eine Zusammenfassung:
Welches Ziel / Auftrag hatte die Person? War sie erfolgreich?
Wenn ja, wie? Wenn nein: Was war das Problem?
Was hat die Person gelernt?
Nach dem Schreiben frage ich mich:
Weiß jemand, worum es in der Geschichte geht, wenn er nur meine Zusammenfassung liest?

Ziele	Den ersten Schrittes der DM 3 kennen lernen: Notizen zur Geschichte machen
Material	Folienvorlage: „Die verpatzte Klassenarbeit", Anhang, S. 60 Detektivkärtchen DM 3
Erarbeitung	**Folie „Die verpatzte Klassenarbeit" lesen** Gemeinsam erarbeiten, dass der untere Text viel kürzer ist, aber alle wichtigen Informationen enthält. Vorteil von Zusammenfassungen erarbeiten: Was fällt euch auf? Worin besteht der Unterschied zwischen beiden Texten? Tanja hat den Text kürzer gemacht. Fehlen wichtige Informationen im Text? Was ist der Vorteil, wenn man eine Geschichte kürzt? Zum einen kann man sie besser *verstehen*, weil man sich dabei Gedanken über die Geschichte macht. Weil der Text kürzer ist, kann man ihn auch besser *behalten*. Heute lernen wir, wie Lesedetektive Geschichten kürzen. **Detektivkärtchen DM 3 besprechen** Was macht die Lesedetektivin auf der Vorderseite? Sie macht sich Notizen. Welche Notizen werden es sein? Sie wird sich die wichtigsten Informationen aus dem Text herausschreiben. Wie geht sie vor? Auf der Rückseite sehen wir Fragen – vorlesen lassen. Was für Fragen sind das? Sie beziehen sich auf die Geschichte, die die Lesedetektivin liest. Für uns heißt das, dass wir diese Fragen an den Text stellen, wenn wir den Text lesen. Die Antwort zu den Fragen schreiben wir neben den Text. Die neue Methode werden wir immer dann anwenden, wenn wir Geschichten zusammenfassen wollen. In den nächsten Stunden werden wir die DM 3 an einer Geschichte ausprobieren.

Arbeitsblatt S. 16 📖

Der Hirtenjunge und der Wolf
Ein Hirtenjunge hütete vor dem Dorf die Schafe der Bauern.
Einmal rief er zum Spaß: „Der Wolf kommt! Der Wolf kommt!"
Die Bauern kamen sofort angerannt und wollten den hungrigen Wolf verjagen.
Da merkten sie, dass der Junge gelogen hatte: Es gab gar keinen Wolf.
Sie gingen verärgert wieder nach Hause. Der Hirtenjunge aber freute sich,
weil er sie hereingelegt hatte.
Noch dreimal spielte er ihnen den gleichen Streich.
Aber eines schönen Tages kam der Wolf wirklich.
Der Junge rief voller Angst: „Der Wolf kommt! Der Wolf kommt!"
Doch die Bauern glaubten dem Hirtenjungen nicht mehr.
Sie hörten nicht auf sein Geschrei.
So konnte der Wolf alle Schafe fressen.
Was macht ein Lesedetektiv?
Was steht auf deinen Detektivkärtchen (DM 1 und DM 2)?

Arbeitsblatt S. 17-18 📖

Wiederholen der Detektivmethode 2: Umgang mit Textschwierigkeiten

1. Problem

  1. Das schwierige Wort heißt:

  _____

  2. Was kann ich tun, um das Problem zu lösen?

  _____

  3. Welche Lösung wende ich am besten an?

  _____

  _____

  4. Was bedeutet das Wort?

  _____

Lies den Satz mit dem schwierigen Wort noch einmal.
5. Wort gelöst?   ○ ja   ○ nein   (Suche eine neue Lösung)

2. Problem ...

Mit dem Arbeitsblatt haben die Schülerinnen und Schüler die Möglichkeit bis zu vier
Textschwierigkeiten zu klären.

Ziele	Wiederholen der DM 1 und DM 2
Material	Arbeitsblatt: „Der Hirtenjunge und der Wolf", S. 16 📖 Arbeitsblatt: „Wiederholen der DM 2", S. 17-18 📖
Üben	**Wiederholen der DM 1 und DM 2** Bevor wir die DM 3 ausprobieren, wollen wir die beiden Methoden, die wir in den letzten Stunden kennen gelernt haben, noch einmal auf einen neuen Text anwenden. Worum ging es bei den Methoden? (Überschrift beachten, Textschwierigkeiten lösen) **Überschrift zum Text an die Tafel schreiben, DM 1 anwenden lassen** Vorschläge zur Umsetzung: Gemeinsam mündlich besprechen. Schülerinnen und Schüler Einfälle unter das Arbeitsblatt schreiben lassen und dann diskutieren. **Text einmal lesen** Fragen: Ist es eine Geschichte oder ein Sachtext? Bei Textschwierigkeiten DM 2 anwenden lassen. Stichproben machen: Wörtererfragen und klären lassen (z.B. hüten, Streich, Geschrei). Vorschläge zur Umsetzung: Gemeinsam mündlich besprechen. Arbeitsblatt: „Wiederholen der DM 2" verwenden. **Überprüfen, ob die Gedanken zur Überschrift zum Text gepasst haben**
Wichtige Hinweise	Die Schülerinnen und Schüler sollen die DM 1 und DM 2 anwenden können. Dabei dürfen sie die Kärtchen verwenden.

Notizen zum Arbeitsblatt S. 19-20 📖

Du bist ein Lesedetektiv – löse diesen Fall: Stelle dir die Fragen von Detektivkärtchen DM 3 und schreibe die Antwort auf.

Welche Personen gibt es? *Wer* ist wichtig?
Es gibt die Bauern und den Hirtenjungen – und den Wolf. Der Hirtenjunge ist wichtig.

Wie geht die Geschichte los? Wie fängt sie an?
Der Hirtenjunge hütet die Schafe der Bauern.

Was haben die Personen vor? Welchen Auftrag hat die Person?
Der Hirtenjunge soll auf die Schafe aufpassen. Er will den Bauern einen Streich spielen.

Was tut die Person? Welches Problem taucht auf? Was passiert?
Der Hirtenjunge ruft aus Spaß: „Der Wolf kommt."
Die Bauern kommen und wollen den Wolf verjagen.
Doch der Junge hat gelogen. Es ist kein Wolf da.
Dreimal spielt er ihnen den Streich.

Es taucht ein Problem auf, als der Wolf wirklich kommt.
Der Hirtenjunge ruft: „Der Wolf kommt."
Die Bauern glauben dem Jungen nicht mehr und kommen nicht.

Wie geht die Geschichte aus?
Der Wolf frisst alle Schafe.

Alternatives Vorgehen:
Relevante Schlüsselwörter, die anstelle von Notizen unterstrichen werden können

---

Der Hirtenjunge und der Wolf

Ein Hirtenjunge hütete vor dem Dorf die Schafe der Bauern.
Einmal rief er zum Spaß: „Der Wolf kommt! Der Wolf kommt!"
Die Bauern kamen sofort angerannt und wollten den hungrigen Wolf verjagen.
Da merkten sie, dass der Junge gelogen hatte: Es gab gar keinen Wolf.
Sie gingen verärgert wieder nach Hause. Der Hirtenjunge aber freute sich,
weil er sie hereingelegt hatte.
Noch dreimal spielte er ihnen den gleichen Streich.
Aber eines schönen Tages kam der Wolf wirklich.
Der Junge rief voller Angst: „Der Wolf kommt! Der Wolf kommt!"
Doch die Bauern glaubten dem Hirtenjungen nicht mehr.
Sie hörten nicht auf sein Geschrei.
So konnte der Wolf alle Schafe fressen.

Ziele	Wiederholen der DM 1 und DM 2
Material	Arbeitsblatt: „Der Hirtenjunge und der Wolf", S. 19-20 📖

Üben	**Frage 1 auf den Text anwenden und Notizen machen** Der Lehrer oder die Lehrerin macht modellhaft vor, wie das geht, denkt laut und sucht mit Schülerinnen und Schülern gemeinsam die Antwort. Ich lese erst mal den ersten Abschnitt. Dann stelle ich mir die Frage: Welche Personen gibt es?... Es gibt den Hirtenjungen. Dann ist da von den Bauern die Rede. Und es gibt einen Wolf. Das ist zwar keine Person, der kommt aber auch vor. Wer von den Personen ist wichtig? Die Bauern sind es nicht. Von denen wird nicht viel erzählt. Ich glaube, es ist der Hirtenjunge. Das schreibe ich mir auf (ggf. an die Tafel bzw. ins Arbeitsblatt übertragen lassen). Alternativ zu den Notizen können die wichtigsten Informationen im Text unterstrichen werden. **Die anderen Fragen auf den Text anwenden** Vorschlag zur Umsetzung: Zur Beantwortung der Frage 4 (Was tun die Personen? Was passiert nacheinander?) kann dieser Teil der Handlung nachgespielt werden. Die Schülerinnen und Schüler erarbeiten sich an dem, was sie sehen / tun, die Handlung.
Wichtige Hinweise	Die W-Fragen sollen die Struktur der Geschichte abbilden. Gern können Sie die Fragen umformulieren, damit sie noch besser zum Text passen. Für die Schülerinnen und Schüler sollte aber klar werden, dass sie mit einem bestimmten Frageschema die wichtigsten Informationen aus einer Geschichte erfassen können. Bei Frage 3 (Ziel / Auftrag / Intention der Person) kommt es darauf an zu verdeutlichen, dass die Hauptpersonen immer ein gewisses Ziel verfolgen. Sie handeln aus einem bestimmten Grund. Der Auftrag des Hirtenjungen lautet: Schafe hüten. Zuerst spielt der Junge den Bauern einen Streich. Zuletzt will er die Hirten wirklich warnen. Bei der Beantwortung der Fragen sollten Sie darauf achten, dass nur die wichtigsten Informationen notiert werden, um die Frage zu beantworten.

Erläuterungen zur Erarbeitung einer Zusammenfassung

In einem letzten Schritt schreiben wir in fünf bis zehn Sätzen auf, was in der Geschichte steht. Wir machen die Geschichte so kurz wie möglich. Stellt euch vor, ihr seid richtige Detektive und wollt eurem Kollegen eine Nachricht hinterlassen, worum es in dem Fall geht. Ihr habt es eilig und ihr habt nur einen kleinen Zettel um aufzuschreiben, was passiert ist.

In der Zusammenfassung erklärt ihr als Lesedetektive einer Person, die den Text nicht kennt, was darin steht.

Wortbedeutung „Zusammenfassung" klären

Was bedeutet das Wort *Zusammenfassung* also?

Eine Zusammenfassung ist ein kurzer Text, den wir über eine Geschichte schreiben. Darin kann eine Person alles Wichtige über die Geschichte nachlesen, um sie zu verstehen.

Auf eurem Detektivkärtchen sind noch einige Fragen offen. Die stellen wir uns, wenn wir alle Notizen gemacht haben:

Welches Ziel / welchen Auftrag hat die Person? – das haben wir uns notiert. Der Hirtenjunge soll auf die Schafe aufpassen.

Hat die Person ihr Ziel / ihren Auftrag erreicht? – Nein. Der Wolf hat ja die Schafe gefressen. Was war dann das Problem? Warum konnte der Wolf das tun? Warum sind die Bauern beim letzten Mal nicht mehr gekommen (ggf. in den Notizen nachlesen). Der Junge hat so oft gelogen und gesagt, dass der Wolf kommt, bis die Bauern ihm nicht mehr geglaubt haben.

Was dachten die Bauern, als der Junge rief und der Wolf wirklich kam? Sie dachten, dass er wieder lügt. Das könnte also der Grund sein, warum er seinen Auftrag nicht erfüllt hat. Das schreiben wir auf.

Was hat der Junge daraus gelernt? Dass man nicht lügen soll, denn dann glauben einem die Menschen nicht mehr.

Fällt euch dazu ein Sprichwort ein? Wer einmal lügt, dem glaubt man nicht, und wenn er auch die Wahrheit spricht.

Arbeitsblatt S. 21

Schreibe eine Zusammenfassung zur Geschichte! Folgende Fragen auf deinem Kärtchen helfen dir dabei:

Was war der Auftrag der Person? Was war das Ziel?

Hat die Person den Auftrag erfüllt / das Ziel erreicht?

Wenn ja, wie hat sie das gemacht?

Wenn nein, was war das Problem?

Ein Hirtenjunge hatte die Aufgabe, auf die Schafe der Bauern aufzupassen. Er hat die Aufgabe aber nicht erfüllt, weil der Wolf die Schafe auffraß.

Das Problem war, dass er aus Spaß immer rief: „Der Wolf kommt." Die Bauern kamen jedes Mal und wollten den Wolf vertreiben. Aber es war keiner da. Sie ärgerten sich über die Streiche des Jungen.

Als der Wolf wirklich kam und der Junge rief, glaubten die Bauern ihm nicht mehr.

Der Wolf konnte deshalb alle Schafe fressen.

Ziele	Den zweiten Schrittes der DM 3 kennen lernen – Zusammenfassen von Notizen
Material	Arbeitsblatt: „Der Hirtenjunge und der Wolf ", S. 19-21 📖
Reflexion	**Wiederholung und Reflexion (zu den Erfahrungen mit) der DM 3** Was haben wir in den letzten Stunden gemacht? Wie sind wir vorgegangen? Ist es euch schwer gefallen, die Fragen zum Text zu beantworten? Hattet ihr das Gefühl, ihr braucht länger für den Text? Warum wenden wir die Methode überhaupt an, wenn dadurch das Lesen länger dauert? Wir verstehen das Geschriebene besser und behalten es auch besser. Warum ist das gut?
Erarbeiten	**Mit den Fragen auf Detektivkärtchen DM 3 die Quintessenz der Geschichte herausarbeiten** 📝 **Gemeinsam eine Zusammenfassung zum Text schreiben** 📝 **Ggf. inhaltlichen Bezug zum Alltag der Schüler herstellen** Was passiert im wirklichen Leben, wenn jemand mehrmals lügt und dann einmal die Wahrheit sagt? Glaubt ihr der Person dann noch? Könnt ihr ein Beispiel nennen? Ist euch das schon einmal passiert?
Reflexion	**Schema von Geschichten anhand der Fragen auf Detektivkärtchen 3 verdeutlichen** Die Fragen der DM 3 können wir auf viele Geschichten anwenden. Geschichten haben also einen bestimmten Aufbau.
Wichtige Hinweise	Den Schülerinnen und Schülern soll deutlich werden, dass Geschichten nach einem bestimmten Schema aufgebaut sind; d.h., dass die behandelten Fragen zu jeder Geschichte gestellt werden können.
Weitere Anregungen	Die Übertragung der DM 3-Fragen und das Schema von Geschichten können exemplarisch an dem Text auf der Folie „Die verpatzte Klassenarbeit" veranschaulicht werden.

Arbeitsblatt S. 23 📖

Selbstüberprüfung

Bist du ein guter Lesedetektiv
im Umgang mit Geschichten?

1) Gute Lesedetektive
- ⊙ stellen sich mehrere konkrete Fragen zum Text und machen
  sich Notizen.
- ○ stellen sich eine Frage zum Text und machen sich Notizen.
- ○ stellen sich keine Fragen zum Text und lesen nur.

2) Gute Lesedetektive stellen sich z.B. die Frage
- ○ Was finde ich spannend?
- ⊙ Wie geht die Geschichte aus?
- ○ Wo schläft die Person?

3) Welche Fragen helfen Lesedetektiven beim Schreiben einer Zusammenfassung?
- ⊙ Hat die Person ihr Ziel erreicht? Wie hat sie es geschafft?
- ○ Wie war der Anfang der Geschichte? Wie begann die Geschichte?
- ○ Wie hat dir die Geschichte gefallen? War die Geschichte schön?

4) Was steht in der Zusammenfassung eines guten Lesedetektivs?
- ○ wie die Geschichte ausgeht.
- ⊙ alle wichtigen Informationen, um die Geschichte zu verstehen.
- ○ alle wichtigen Personen, die in der Geschichte vorkommen.

5) Wie hätte der Junge sich verhalten müssen, damit der Wolf keine Schafe frisst?
Er hätte zuvor nicht lügen dürfen.

Ziele	Festigen der DM 3
Material	Merkblatt: „Detektivmethode 3", S. 22 📖

Reflexion	**Wiederholung der beiden Schritte bei der DM 3**
	Es soll ganz deutlich werden, warum man die Methode einsetzen soll, warum sie erfolgreich ist.
	    Wie sind wir bei der Methode DM 3 vorgegangen?
	    Es gibt 2 wichtige Schritte. (Notizen machen und Zusammenfassung schreiben)
	    Warum sollen wir Geschichten zusammenfassen?
	    Weil die Wiedergabe mit eigenen Worten uns hilft, den Text besser
	    zu verstehen und zu behalten.
	
	Überprüfen der DM 3
	Geschichte erzählen lassen und prüfen, ob die Zusammenfassung kürzer ist als der Text
	    Jetzt wollen wir sehen, ob uns die DM 3 geholfen hat, den Text gut zu behalten. Wer kann die Geschichte erzählen?
	    Ist unsere Zusammenfassung kürzer als der Text? Woran erkennen wir das? Wir können z.B. die Wörter zählen.
	
	DM 3 verbindlich einführen
	    Wenn wir einen Text verstehen und behalten möchten, wenden wir in Zukunft immer die Fragen der DM 3 auf ihn an. Merkt euch die Fragen deshalb gut.

Festigung	**Merkblatt: „Detektivmethode 3" ausfüllen**
Weitere Anregungen	Der Vorteil einer Zusammenfassung lässt sich praktisch nachvollziehen: Beispielsweise können Sie vor dem Lesen einer anderen Geschichte eine eigene Zusammenfassung zu dem Text verfassen und den Schülerinnen und Schülern zum Lesen geben. Anschließend können Sie besprechen, welche Erwartungen an den Text vorhanden sind. Nach dem Lesen der Geschichte lässt sich gut reflektieren, ob alle wichtigen Informationen in der Zusammenfassung standen. Zum weiteren Üben der Zusammenfassung einer Geschichte steht Ihnen im Anhang, S. 61, die Fabel „Der Löwe und der Hase" zur Verfügung.

Hausaufgabe	Selbstständiges Überprüfen der DM 3
Material	Arbeitsblatt: „Selbstüberprüfung", S. 23 📖

Selbst-überprüfung	**Ausfüllen des Arbeitsblattes**
	    Es gibt wieder ein Blatt mit Fragen für Lesedetektive (1a, 2b, 3a, 4b).
	    Zur letzten Frage sollt ihr eine kurze Antwort formulieren.

Bemerkungen für die Unterrichtenden – zur Detektivmethode 4

Die DM 4 gehört zu den **Behaltensmethoden.**
Ziel der DM 4 ist es, einen Sachtext auf seine wesentlichen Informationen zu reduzieren.
Vor dem Erarbeiten der DM 4 sollte den Schülerinnen und Schülern der Unterschied zwischen Geschichten und Sachtexten deutlich werden. Geschichten weisen eine bestimmte Struktur auf (DM 3); sie haben eine Hauptperson, die zielgerichtet eine Handlung verfolgt und Probleme bewältigt, um Ziele zu erreichen. Sachtexte hingegen beinhalten Informationen zu einem Thema. Sie sind erklärend und haben in diesem Sinne keinen Protagonisten und keine Handlungsstränge. Sachtexte vermitteln Informationen. Daraus ergeben sich andere Fragestellungen an den Text. Zunächst muss das Thema des Sachtextes bestimmt werden. Häufig liefern Überschriften gute Hinweise.

Um mit den Schülern zu erarbeiten, welche Informationen wichtig sind, werden abschnittsweise / satzweise Fragen an den Text formuliert. Diese werden aus den Informationen des jeweiligen Textabschnittes abgeleitet. Die Fragen werden durch stichpunktartige Notizen beantwortet. Die Entwicklung von inhaltlichen Fragen hilft den Schülerinnen und Schülern die einzelnen Textabschnitte besser zu verstehen. Sätze werden aufmerksamer gelesen und so zu Fragen umstrukturiert, dass die Antworten wichtige Textinformationen beinhalten. In einem zweiten Schritt wird mit Hilfe der Notizen ein eigener Text zur Thematik verfasst, der die wichtigsten Informationen des Ursprungstextes zusammenfasst.

Den Schülerinnen und Schülern kann das Verfahren anhand der Parallele zu echten Detektiven verdeutlicht werden. Bei Verhören werden viele Fragen an eine Person gestellt, deren Antworten der Detektiv stichpunktartig festhält, um anschließend einen Abschlussbericht zu dem Fall zu schreiben. In seinem Bericht (Zusammenfassung) müssen alle wichtigen Informationen enthalten sein, die er dem Gespräch (Sachtext) entnommen hat. Dabei geht er ganz sachlich vor. Er dichtet keine Informationen hinzu, aber unwichtige Aussagen lässt er weg.

Tafelbild

An Geschichten stellt man Fragen:
1. Welche Personen gibt es?
   Wer ist wichtig?
2. Wie geht die Geschichte los?
   Wie fängt sie an?
3. Was haben die Personen vor? Welches Ziel/ welchen Auftrag haben die Personen?
4. Was tun die Personen? Welches Problem taucht auf? Was passiert nacheinander?
5. Wie geht die Geschichte aus?

Nach dem Lesen:
Welches Ziel / welchen Auftrag hatte die Person? Hat die Person das Ziel erreicht / den Auftrag erfüllt?
Wenn ja, wie hat sie das gemacht?
Wenn nein: was war das Problem?

Sachtexte geben Informationen über:
Gegenstände, Tiere, Personen, Sachverhalte...

Sachtexte enthalten:
Beschreibungen (was, wie, wo ...)
Erklärungen (Definitionen)
Beispiele
Gruppierungen / Klassifikationen
Vergleiche / Unterscheidungen
Aufzählungen
Daten, Zahlen (wann, wie viel, wie groß, wie schnell..)
Zusammenhänge, Ursachen, Gründe (warum, weshalb, wozu?)

Ziele	Die DM 4 kennen lernen – Zusammenfassen von Sachtexten
Material	Je nach Art der Umsetzung: Sachtext zur Demonstration (z.B. Anhang S. 62) Ggf. Detektivkärtchen DM 3
Erarbeitung	**Wiederholen der Methoden DM 1 und DM 2** **Erarbeiten des Unterschieds zwischen Geschichten und Sachtexten**  Vorschläge zur Umsetzung: Fragen der DM 3 (Wer ist die Hauptperson, welches Ziel, welchen Auftrag gibt es?...) an einen Sachtext stellen und aufzeigen, dass die Fragen nicht beantwortet werden können. Daraus ableiten, was Sachtexte beinhalten. Inhalte und Ziel von Sachtexten anhand eines Sachtextes erarbeiten. **An der Tafel sammeln, welche Informationen in einem Sachtext stehen** Welche Informationen könnte mir ein Sachtext geben? (z.B. zum Thema „Hunde": Aufzählungen von Hunderassen, Aussehen, Gruppierung / Klassifikation der Hunderassen, Unterschiede zwischen Hunderassen, Vergleiche, nähere Beschreibungen zum Aussehen, Hinweise zu Vorlieben, Bewegung, Nahrung, ... Sachtexte geben Informationen. Wir haben die Möglichkeit aus diesen Texten etwas über einen Sachverhalt/ eine Sache / ein Tier zu lernen. **Zusammenfassung durch die Lehrerin / den Lehrer** Ihr seht, ein Sachtext kann euch viele unterschiedliche Dinge über etwas berichten. Ein Sachtext hat ebenfalls eine bestimmte Struktur. Diesen Aufbau können wir als Lesedetektive nutzen, um den Text in kleinere Abschnitte zu untergliedern und eine Zusammenfassung über den Inhalt zu schreiben. **Detektivkärtchen DM 4 besprechen**
Wichtige Hinweise	Die Schülerinnen und Schüler sollen erkennen, dass sich Geschichten und Sachtexte in ihrer Struktur unterscheiden. Sachtexte liefern bestimmte Informationen zu einem Thema. Abschnitte lassen sich nach übergeordneten Strukturen zusammenfassen. Das Erkennen der übergeordneten Strukturen hilft den Textinhalt besser zu verstehen, zu behalten und ihn leichter aus dem Gedächtnis zu rekonstruieren.

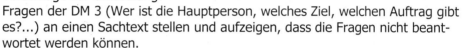

Arbeitsblatt S. 24 📖

Das Mammut

In der <u>Steinzeit</u> lebten viele Mammuts.

Mammuts waren die **<u>Vorfahren</u>** der Elefanten. Sie gehörten also zu der <u>Gruppe</u> <u>der Rüsseltiere</u>. Ein Mammut erreicht eine <u>Höhe von 4,50 Meter</u>. Wegen der Kälte in der Eiszeit hatte es ein <u>langes, dickes, **zotteliges**, schwarzes Fell</u>. Außerdem hatte es kräftige, zurückgebogene **Stoßzähne**, die 5 Meter lang waren und 100 kg wogen. Obwohl das Mammut so gefährlich aussah, jagte es keine Tiere. Seine tägliche **Nahrung** bestand aus <u>150-300 kg Pflanzen</u>, z.B. Gräsern und kleinen Büschen.

Mammuts wurden <u>von</u> den <u>Steinzeitmenschen gern gejagt.</u> Von einem **erlegten** Mammut konnten sie viel verwenden: Aus den Stoßzähnen fertigten sie <u>Waffen</u> oder <u>Schmuck</u>. Aus dem Fell nähten sie <u>Kleider</u>. Fleisch und Fett dienten als <u>Nahrungsmittel.</u> Als **Delikatesse** galt die Mammutzunge. Die schmeckte den Steinzeitmenschen besonders gut.

Zum Arbeitsblatt S. 24

Die untere Seite des Arbeitsblattes kann zur Anwendung der DM 1 genutzt werden: Die Schüler können aufschreiben, was ihnen zu der Überschrift „Das Mammut" einfällt.

Zum Arbeitsblatt S. 25-27

Mögliche schwierige Wörter sind nur im Lehrermanual hervorgehoben. Schülerinnen und Schüler mit Verständnisschwierigkeiten markieren die Wörter und klären sie z.B. anschließend in Gruppen- oder Stillarbeit mit dem Arbeitsblatt. Sie sollten zur Überprüfung Stichproben machen.

Arbeitsblatt S. 31 📖

Lückentext

Wenn du alle schwierigen Wörter geklärt hast,

kannst du folgende Fragen beantworten:

Suche das richtige Wort aus und schreibe es in den Satz:

erlegt, Nahrung, zottelig, Stoßzähne, Delikatesse, Vorfahren

1) Die *Vorfahren* der Elefanten hießen Mammuts.
2) Die langen, nach außen gebogenen Zähne eines Tieres nennt man *Stoßzähne*
3) Die tägliche *Nahrung* des Mammuts besteht aus Pflanzen.
4) Wenn ein Tier bei der Jagd getötet wird, wird es *erlegt.*
5) Ein gut schmeckendes, besonderes Essen nennt man *Delikatesse.*

Ein Wort bleibt übrig. Bilde mit diesem Wort einen Satz.

Beispiel: *<u>Das Mammut hatte ein zotteliges Fell.</u>*

Ziele	Wiederholen der DM 1 und DM 2
Material	Arbeitsblatt: „Das Mammut", S. 24 📖 Ggf. Arbeitsblatt „ Schwierige Wörter", S. 25-27 📖 Detektivkärtchen DM 1 und DM 2
Üben	**Anwenden der DM 1 auf die Überschrift: „Das Mammut"** Vorschläge zur Umsetzung: Überschrift nennen und Ideen dazu an der Tafel sammeln. Schülerinnen und Schüler fragen sich in Kleingruppen, was sie zu dem Thema wissen, schreiben es auf und lesen es in der Klasse vor. Ideen zur Überschrift in Stillarbeit aufschreiben lassen. Alternativ kann ein Bild von einem Mammut (aus dem Gedächtnis) gemalt werden oder anhand einer Abbildung das Aussehen eines Mammuts beschrieben werden. **Anwenden der DM 2. Anschließend Überlegungen zur DM 1 überprüfen** Ihr wisst schon viel über das Mammut, ohne den Text gelesen zu haben. Wir wollen nun lesen, welche neuen Informationen uns der Text über das Mammut liefert. Dabei achten wir wieder auf schwierige Wörter.
Wichtige Hinweise	Bei der Anwendung der DM 2 darauf achten, dass nach dem Schema vorgegangen wird. Wenn mehr Sicherheit im Umgang mit den beiden Methoden vorhanden ist, sollte an Stelle eines lehrerzentrierten Modellierens / Demonstrierens der Methoden der selbstgesteuerte Einsatz (mit Hilfestellung) gefördert werden.
Weitere Anregungen	Selbstverständlich können Sie auch eigene, ihren Unterrichtsthemen nahe liegende Sachtexte auswählen und an diesen die DM 1, DM 2 und DM 4 einführen.

Hausaufgabe	Selbstständiges Überprüfen der DM 2
Material	Arbeitsblatt: „Lückentext", S. 31 📖
	Ausfüllen des Arbeitsblattes: „Lückentext"

Umgang mit Sachtexten anhand der Parallele zu echten Detektiven

Lesedetektive lesen einen Abschnitt genau durch. Dann stoppen sie. Dann überlegen sie sich ein bis zwei Fragen zu dem Abschnitt und machen sich Notizen. Den Vorgang verläuft genau wie bei echten Detektiven, die einen Fall lösen wollen. Sie stellen viele Fragen an eine wichtige Person. Die Antworten der Person schreiben sich die Detektive in Form von Notizen auf. Die Notizen müssen alles Wichtige beinhalten. Warum wohl?

Die Notizen helfen dem Detektiv, den Fall zu rekonstruieren (später gedanklich durchzugehen) und das Problem zu lösen. Er darf also nichts Wichtiges vergessen! Genauso wollen wir vorgehen. Wir tun so, als sei der Text eine wichtige Person, der wir Fragen stellen. Die Antworten sind die Informationen, die wir herausfinden und aufschreiben müssen.

Arbeitsblatt, S. 28-29: Beispielfragen zum Text: „Das Mammut"

Nützlich sind auch hier wieder die W-Fragen, die ebenfalls bei Sachtexten Anwendung finden können. Ein alternatives Vorgehen zum Notieren relevanter Inhalte ist das Unterstreichen wichtiger Textstellen, die in einem zweiten Schritt zusammengefasst werden. Wichtige Schlüsselwörter sind auf Seite 38 im Lehrermanual unterstrichen.

Du bist ein Lesedetektiv – löse diesen Fall: Mache dir Notizen zum Text. Du brauchst dein Detektivkärtchen DM 4.

Thema/ Worum geht es?	→ Der Text handelt von Mammuts
Wann haben Mammuts gelebt?	→ In der Steinzeit
Was sind Mammuts?	→ Rüsseltiere, Vorfahren von Elefanten
Wie sahen sie aus?	→ 4,50m groß. dickes langes, zotteliges Fell, 5m lange und 100 kg schwere Stoßzähne.
Was fraß das Mammut?	→ Es fraß 150-300 kg Pflanzen täglich
Was haben Steinzeitmenschen vom Mammut verwendet? Wofür?	→ Stoßzähne →Waffen oder Schmuck, Fell →Kleider, Fleisch Fett Zunge→ Nahrung
Was schmeckte den Steinzeitmenschen besonders gut?	→ Die Mammutzunge

Arbeitsblatt, S. 30: Beispiel für eine Zusammenfassung aus den Notizen

Gehe wie ein Lesedetektiv vor und schreibe eine Zusammenfassung. Verwende dafür die Notizen.

Das Mammut

Mammuts lebten in der Steinzeit. Mammuts waren Rüsseltiere. Sie waren die Vorfahren der Elefanten.

Mammuts waren 4,50m groß. Sie hatten ein langes, dickes, zotteliges Fell. Sie hatten 5m lange und 100kg schwere Stoßzähne.

Mammuts waren Pflanzenfresser: sie aßen jeden Tag 150-300 kg Pflanzen.

Die Steinzeitmenschen machten aus den Stoßzähnen Waffen und Schmuck. Sie nähten aus dem Fell Kleidung. Das Fleisch, Fett und die Zunge haben sie gegessen. Besonders gut schmeckte ihnen die Zunge.

Ziele	Anwenden der DM 4
Material	Arbeitsblatt: „Das Mammut", S. 28-30 📖
Erarbeitung	**Wiederholen der DM 4** Was haben wir gelernt? Es gibt einen Unterschied zwischen Geschichten und einem Sachtext? Was steht in Sachtexten? Was in Geschichten? **(Parallele zu echten Detektiven als möglicher Einstieg)** **Gemeinsames Anwenden der DM 4** Lehrerin oder Lehrer macht den ersten Satz modellhaft vor. Das Mammut. Ich habe den Text schon gelesen. Es geht um Mammuts. Das ist also mein Thema. Ich werde zu den Abschnitten viele Fragen stellen. Ich lese den ersten Satz: *In der Steinzeit lebten viele Mammuts.* Wie kann ich aus dem Satz eine Frage machen?... Ich benutze ich die W-Fragen: *Wer* lebte in der Steinzeit? Mammuts. Das hilft mir wenig weiter. Denn ich weiß ja aus der Überschrift, dass der Text mir etwas über Mammuts erzählen will. *Wann* lebten Mammuts? Das ist für mich wichtig. Sie lebten in der Steinzeit. Die Frage und die Antwort schreibe ich mir auf.
Üben	**Gemeinsam den nächsten Abschnitt erfragen und notieren** Mammuts waren die Vorfahren von Elefanten und sie waren Rüsseltiere. Was wird erklärt? *Wie* sie aussehen? Nein. Aber ich bekomme die Information, was für Tiere Mammuts waren. Wie kann ich zu beiden Sätzen eine Frage formulieren? *Was für* Tiere waren die Mammuts? Ja, das passt zu beiden Sätzen. Ich kann zu der Frage zwei Antworten geben. Sie waren Rüsseltiere, genauer, die Vorfahren der Elefanten. **Gemeinsam alle Antworten lesen und zusammenfassen** Was machen Detektive als nächstes? Sie lesen sich die Notizen durch. Dann schreiben sie einen Bericht zu dem Fall. Der Bericht enthält alle wichtigen Informationen. So machen wir das auch. Was weiß ich über das Mammut? Wann es gelebt hat, wie es aussieht, ... Jetzt muss ich die Notizen nur noch in meinen eigenen Worten zusammenfassen. Ich orientiere mich an meinen Fragen. Was steht dort am Anfang? Wie würde das ein Detektiv in einem Bericht schreiben? *Mammuts lebten in der Steinzeit.*
Wichtige Hinweise	Die W-Fragen helfen, den Textinhalt besser zu verstehen. Es kann passieren, dass die Schülerinnen und Schüler jeden Satz zu einer Frage umformulieren. In einem zweiten Schritt können sie Fragen zum gleichen Themenbereich dann zu einer übergeordneten Frage zusammenfassen. Die notierten Fragen können später der Behaltensüberprüfung dienen.
Weitere Anregungen	Zum weiteren Üben der Zusammenfassung eines Sachtexts steht Ihnen im Anhang, S. 62, der Text „Was sind eigentlich Detektive?" zur Verfügung.

Arbeitsblatt S. 32 📖

Fragen zum Mammut

Hast du die Detektivmethode 4 gut angewendet?

1) Wann lebten die Mammuts?

In der Steinzeit

2) Mammuts gehören zu den

○ Krabbeltieren.

⊙ Rüsseltieren.

○ Elefanten, die heute noch leben.

3) Wie sah ein Mammut aus? Es hatte

○ kurze, schwarze Stoßzähne.

○ kleine Ohren und wog 10 kg.

⊙ ein dickes, schwarzes Fell.

4) Was fraß das Mammut?

Pflanzen, z.B. Gräser und kleine Büsche

5) Was wurde NICHT aus Stoßzähnen gemacht?

○ Schmuck

⊙ Kleider

○ Waffen

6) Was aßen die Steinzeitmenschen besonders gerne?

○ das Fleisch

○ das Fett

⊙ die Zunge

Wie viele Fragen hast du richtig beantwortet?

1 ☐   2 ☐   3 ☐   4 ☐   5 ☐   6 ☐

Arbeitsblatt S. 34 📖

Selbstüberprüfung

Bist du ein guter Lesedetektiv im Umgang mit Sachtexten?

1) Gute Lesedetektive fragen sich:

⊙ Um wen oder was geht es in dem Text?

○ Wie gefällt mir der Text?

○ Wie lang ist der Text?

2) Gute Lesedetektive

⊙ lesen zuerst einen Abschnitt und stellen sich Fragen zu den Sätzen.
   Dann machen sie es mit dem nächsten Abschnitt genau so.

○ stellen zuerst Fragen und lesen den Text einmal durch.

○ lesen den Text mehrmals durch.

3) Wenn sich Lesedetektive einen Text gut behalten wollen, dann

○ schreiben sie den Text einmal ab.

⊙ machen sie sich Notizen zu dem Text und schreiben eine Zusammenfassung.

○ lernen sie den Text auswendig.

4) Woran erkennt ein Lesedetektiv eine gute Zusammenfassung?

⊙ Er kann dort alle wichtigen Informationen aus dem Text nachlesen.

○ Die Zusammenfassung ist länger als der Text.

○ In der Zusammenfassung stehen Fragen zum Text.

Hausaufgabe	Selbstständiges Überprüfen der DM 4
Material	Arbeitsblatt: „Fragen zum Mammut", S. 32 📖
Üben	**Ausfüllen des Arbeitsblattes: „Fragen zum Mammut"** (2b, 3c, 5b, 6c)

Ziele	Festigen der DM 4
Material	Detektivkärtchen DM 4 Merkblatt: „Detektivmethode 4", S. 33 📖 Arbeitsblatt: „Selbstüberprüfung", S. 34 📖
Reflexion	**Wiederholen der DM 4** Wir haben einen Sachtext zusammengefasst. Wie sind wir vorgegangen?... Wir haben zuerst überlegt, was das Thema des Textes ist. Dann haben wir viele Fragen zum Thema gestellt und sie aufgeschrieben. Die Antworten haben wir im Text gesucht und in Stichpunkten notiert. Zum Schluss haben wir die Stichpunkte durchgelesen und einen eigenen Text zum Thema verfasst. **Gemeinsam den Zweck der Methode reflektieren** War es für euch schwierig, Fragen zum Text zu finden? Dauerte es lange? Weshalb könnte es wichtig sein, viele Fragen an den Text zu stellen? Wir verstehen ihn besser. Und wir merken, wenn wir eine Frage nicht gut beantworten können oder uns keine Frage zu einer Textstelle einfällt, dass wir die Stelle nicht so gut verstanden haben. Den Satz müssen wir noch einmal genau nachlesen... Wie viele Antworten hattet ihr in der Hausaufgabe richtig? Hat die Methode euch geholfen, die Fragen leichter zu beantworten? Wenn ihr den Text in eigenen Worten zusammenfasst, könnt ihr ihn besser behalten
Festigung	**DM 4 überprüfen** Kennt ihr alle wichtigen Informationen aus dem Text? Wir kontrollieren uns, indem wir fünf Fragen beantworten. Schüler und Schülerinnen einander wiederholen lassen, was sie alles über Mammuts wissen / sich gegenseitig Fragen stellen lassen. **Merkblatt: „Detektivmethode 4" ausfüllen**
Selbst-überprüfung	**Arbeitsblatt: „Selbstüberprüfung" ausfüllen** 1a, 2a, 3b, 4a

Bemerkungen für die Unterrichtenden – zur Checkliste

In dieser Lerneinheit soll eine Checkliste erarbeitet werden, die den Schülerinnen und Schülern hilft, strukturiert an Texte heranzugehen und sie planvoll zu bearbeiten. Sie aktivieren vor dem Lesen des Textes ihr Vorwissen, indem sie die DM 1 anwenden und sich Gedanken zur Überschrift machen. Während des Lesens klären sie Textschwierigkeiten. Nach dem ersten Lesedurchgang prüfen sie den Ertrag beider Methoden: Passen meine Überlegungen zum Text? Habe ich alle schwierigen Wörter geklärt? Bevor sie den Text zusammenfassen, klären sie die Textart. In Abhängigkeit davon, ob es sich um eine Geschichte oder um einen Sachtext handelt, wählen sie DM 3 bzw. DM 4 aus, lesen den Text erneut und wenden die entsprechende Methode an. In einem letzten Schritt prüfen die Schülerinnen und Schüler ihre Zusammenfassung auf Vollständigkeit und Richtigkeit.

Die Reflexion über den Strategieeinsatz ist relevant, damit Fehler in der Umsetzung der Strategien bemerkt werden. Bei Fehlern sollen die Schülerinnen und Schüler stets überlegen, woran es gelegen haben könnte und dementsprechend den Strategieeinsatz verbessern.

Das Bearbeiten von Texten anhand der Checkliste soll die metakognitive Kompetenz trainieren: Die Schüler und Schülerinnen werden dazu befähigt, den Leseprozess und den Strategieeinsatz selbstständig zu planen, zu überwachen und den Strategieeinsatz zu überprüfen. Die Anwendung der Checkliste sollte daher nach Abschluss des Programms kontinuierlich in regelmäßigen Abständen geübt und ihr Nutzen reflektiert werden.

Zur Reflexion: Was machen gute Leser / Lesedetektive?

Punkte, die bei der Reflexion angesprochen werden können
– Sie lesen zuerst die Überschrift und überlegen, was sie schon wissen.
– Sie schauen sich Bilder zum Text an.
– Sie stoppen bei schwierigen Wörtern und klären sie zuerst.
– Sie lesen jedes Wort und jeden Satz genau durch.
– Sie stellen Fragen zur Geschichte / zum Sachtext, die sie beantworten.
– Sie wenden bestimmte Fragen für Geschichten für Sachtexte an und beantworten sie, indem sie sich dazu Notizen machen.
– Sie schreiben den Text anhand ihrer Notizen in kurzen Sätzen auf.
– Sie prüfen, ob sie die Methoden richtig angewendet haben.

Ziele	Wiederholung der DM 1, DM 2, DM 3 und DM 4
Material	Arbeitsblatt: „Übersicht über alle Detektivmethoden", S. 35 📖 je nach Art der Umsetzung: Plakatpapier zum Erstellen eines Posters oder Folienvorlage „Übersicht über alle Detektivmethoden" im Anhang, S. 63
Erarbeiten	**Ablauf und die Anwendungsbedingungen aller DM wiederholen** Vorschläge zur Umsetzung: Gemeinsam das Arbeitsblatt „Übersicht über alle DM" ausfüllen (vgl. Anhang, S. 63) Mündliche Erarbeitung Alle DM auf einem Poster / Wandbild zusammentragen, das anschließend in der Klasse aufgehängt wird **Wiederholen des Unterschiedes zwischen Verstehen und Behalten** Welche der DM gehört zu den Verstehensmethoden? Wobei helfen uns die Behaltensmethoden?
Reflexion	**Erarbeiten, wie gute Leser / Lesedetektive an Text herangehen** Was meint ihr? Was unterscheidet Lesedetektive von „normalen" Lesern? Glaubt ihr, dass man es lernen kann, „gut" zu lesen? Wie seid ihr vorher an Texte rangegangen? **Zusammenfassung durch den Lehrer / die Lehrerin** Den Schülern soll deutlich werden, dass gute Leserinnen und Leser strategisch mit Texten umgehen, den Text aktiv mit Methoden bearbeiten und den Leseprozess laufend überprüfen. Diese Methoden können sie als Handwerkszeug benutzen, um auch selbst gute Leserinnen und Leser zu werden. Sie sollen erkennen, dass der Einsatz planvoller Methoden sinnvoller ist, als den Text mehrmals durchzulesen oder auswendig zu lernen.
Wichtige Hinweise	Die Schülerinnen und Schüler können bei der Erarbeitung die Merkblätter und Detektivkarten zur Hilfe nehmen.

Arbeitsblatt S. 36 📖

Checkliste für Lesedetektive

Wende beim Lesen die Checkliste an.

1. **Vor dem Lesen**
   wende ich zuerst die DM 1 an → Überschrift beachten.

2. **Ich lese den Text einmal durch und**
   wende die DM 2 an → Textschwierigkeiten lösen.

3. **Nach dem ersten Lesen beantworte ich folgende Fragen:**
   Zur DM 1 → Passen meine Überlegungen zur Überschrift? Welche Überschrift wäre
   auch passend gewesen?
   Zur DM 2 → Alle schwierigen Wörter geklärt?

4. **Ich entscheide mich:**
   Ist es ein Sachtext?
   Ist es eine Geschichte?

5. **Ich lese den Text ein zweites Mal durch und**
   wende je nach Textart die DM 3 oder DM 4 an → Zusammenfassen des Sachtextes
   bzw. der Geschichte.

6. **Wenn ich meine Zusammenfassung geschrieben habe, prüfe ich**
   die DM 3 → Weiß jemand, wenn er meine Zusammenfassung liest,
   worum es in der Geschichte geht?
   ODER
   die DM 4 → Stehen alle wichtigen Informationen aus dem Text in
   meiner Zusammenfassung? Kann ich fünf Fragen zum Text stellen und beantworten?
   Ist meine Zusammenfassung kürzer als der Text?

Checkliste-Lesezeichen

 Checkliste für: _____

Ziele	Entwickeln der Checkliste
Material	Arbeitsblatt: „Checkliste", S. 36 📖 Kopien der Checkliste-Lesezeichen (Anhang, S. 64)

Erarbeiten	**Gemeinsam das Arbeitsblatt „Checkliste" ausfüllen** Wir kennen nun alle Methoden und wollen sie in Zukunft anwenden. Um nicht durcheinander zu kommen, machen wir uns eine Checkliste. Eine Checkliste ist eine Liste, in der wir aufschreiben, wann wir welche Metho-de anwenden. Dort können wir die Methoden abhaken. Warum könnte so eine Checkliste von Vorteil sein? Wir vergessen keine Methode und wissen immer, in welcher Reihenfolge wir die Methoden beim Lesen von Texten anwenden. *Vor dem Lesen* Was machen wir zuerst? Wir wenden die DM 1 an. Das schreibe ich mir auf. Immer, wenn ich die Checkliste benutze, kann ich diesen Punkt abhaken, wenn er erledigt ist. *Ich lese den Text einmal durch und...* ... *Nach dem ersten Lesen beantworte ich folgende Fragen* ... Warum sind die Fragen wichtig? Wir prüfen damit, ob wir die Strategien gut eingesetzt haben oder ob wir Feh-ler gemacht haben. Was mache ich, wenn ich ein Wort nicht geklärt habe oder wenn ich es immer noch nicht verstehe? Ich wende eine andere Lösungsmöglichkeit der DM 2 an. **Checklisten-Lesezeichen zum Ausschneiden verteilen**
Wichtige Hinweise	Nach dieser Checkliste sollen die Schülerinnen und Schüler vorgehen, wenn sie einen Text bearbeiten. Wichtig dabei ist das planende Vorgehen, der flexible Strategieeinsatz (DM 3, DM 4) und die Überprüfung, ob die Strategien richtig eingesetzt wurden. DM 1 und DM 2 sollen bei jeder Textbearbeitung angewendet werden. DM 3 und DM 4 werden angewendet, wenn ein Text möglichst gut verstanden und behalten werden soll.
Weitere Anregungen	Die Checkliste kann auch auf ein Poster übertragen und in der Klasse aufgehängt werden.

Arbeitsblatt S. 37 📖

Indianer

Der Seefahrer Christoph Kolumbus entdeckte 1492 mit seinem Schiff
Amerika. Er glaubte jedoch nicht in Amerika, sondern in einem fernen Land
namens Indien gelandet zu sein. So benannte er die Einwohner Amerikas
fälschlicherweise nach diesem Land „Indianer".
Die meisten Indianer waren Nomaden, das heißt: umherziehende Jäger. Sie
jagten vor allem Bisons, die in großen Herden in den weiten Ebenen
Nordamerikas lebten. Bisons sind große Büffel, die 1000 kg schwer werden
können. Mit Pfeil, Bogen und langen Speeren bewaffnet ritten die Indianer zu
den Herden. Dann schossen sie aus nächster Nähe auf einen Bison. Die Tiere
waren für die Indianer aus verschiedenen Gründen sehr wichtig. Sie lieferten
frisches Fleisch, Felle für den Winter und Haut für die Tipis.

Gehe wie ein Lesedetektiv vor und schreibe eine Zusammenfassung.

Arbeitsblatt S. 38 📖

Fragen zu den Indianern
Hast du die DM 2 gut angewendet?

1) Was bedeutet Indien?
○ Indien ist der Name eines Schiffes.
◉ Indien ist der Name eines Landes.
○ Indien ist der Name eines Seefahrers.
2) Was sind Nomaden?
○ umherziehende Musiker
○ ein Indianerstamm
◉ umherziehende Jäger
3) Was sind Bisons?
○ kleine Büffel
◉ große Büffel
○ Jäger, die Büffel jagen
4) Was sind Herden?
◉ eine Ansammlung von Tieren
○ einzelne Tiere
○ eine Ansammlung von Indianern
5) Was ist eine Ebene?
○ eine sehr hügelige Landschaft
○ eine sehr waldige Landschaft
◉ eine sehr flache Landschaft
6) Typische Indianerzelte nennt man
◉ Tipis
○ Hippies
○ Tipsies

Ziele	Übender Einsatz der Checkliste
Material	Kopien: Checkliste zum Abhaken (Anhang, S. 65) Arbeitsblatt: „Indianer", S. 37 📖 Arbeitsblatt: „Fragen zu den Indianern", S. 38 📖
Erarbeiten	**Kopien der Checklisten an die Schüler verteilen** **DM 1 auf den Text: „Indianer" anwenden lassen** Schüler erzählen, was sie zu dem Thema wissen. Anschließend machen die Schülerinnen und Schüler einen Haken. Wie ihr seht, wisst ihr schon viel über Indianer. Wir haben die DM 1 angewendet und machen ein Häkchen in das Kästchen. **Text lesen. DM 2 anwenden lassen** **Prüfen, ob die Überlegungen zur Überschrift gepasst haben und ob alle unklaren Wörter geklärt wurden** Zur Überprüfung der DM 2: Arbeitsblatt: „Fragen zu den Indianern" (1b, 2c, 3b, 4a, 5c, 6a).
Wichtige Hinweise	Die Schülerinnen und Schüler können neben der Checkliste auch die Detektivkärtchen benutzen! Punkt 3 der Checkliste soll noch nicht nicht abgehakt werden, wenn bei der Überprüfung ein schwieriges Wort entdecken, das nicht erklären werden kann. Dann erneut DM 2 anwenden.
Weitere Anregungen	Als mögliche Hausaufgabe oder zur weiteren Beschäftigung mit dem Thema Indianer stehen Ihnen im Anhang, S. 66 und 67, zwei Texte („Indianerkämpfe", „Das Tipi") zur Verfügung. Alternativ können Sie auch weitere Informationen zu Indianern aus Sachtexten suchen lassen, Indianerstirnbänder basteln etc. Die Zusatztexte können auch zur vertiefenden Anwendung der Detektivmethoden verwendet werden.

Beispiele zur DM 4: Fragen und Zusammenfassung

Durch die ersten Sätze wird deutlich, wie die Indianer zu ihrem Namen kamen:
Wer entdeckte Amerika? Christoph Kolumbus.
Wann entdeckte er Amerika? 1492
Was glaubte Christoph Kolumbus? Dass er nicht in Amerika, sondern in Indien gelandet ist.
Warum heißen die Einwohner Amerikas fälschlicherweise Indianer? Der Name kommt von dem Land „Indien" – „Indianer".

Die Informationen aus dem Abschnitt lassen sich folgendermaßen zusammenfassen:
Es geht um Indianer. Christoph Kolumbus nannte die Einwohner Amerikas fälschlicherweise so, als er 1492 Amerika entdeckte. Er glaubte aber, in Indien gelandet zu sein. So kamen die Indianer zu ihrem Namen.
Die Indianer waren Nomaden Sie jagten in den weiten Ebenen Nordamerikas Bisons. Die Indianer jagten die Bisons mit Pfeil, Bogen und Speeren. Die Bisons waren wichtig für die Indianer, weil sie Fleisch, Felle für den Winter und Haut für die Tipis lieferten.

Arbeitsblatt S. 39 📖

Fragen zu den Indianern
Hast du die Detektivmethode 4 gut angewendet?

1) Wer entdeckte Amerika?
○ Christoph Karolus
⊙ Christoph Kolumbus
○ die Inder
2) Die Indianer waren
○ Seefahrer.
○ Einwohner Indiens.
⊙ Nomaden.
3) Wie schwer konnten Bisons werden?
⊙ 1000 Kilogramm
○ 800 Kilogramm
○ 2000 Kilogramm
4) Warum jagten die Indianer die Bisons?
⊙ Sie dienten ihnen zur Nahrung.
○ Sie jagten sie aus Spaß.
○ Das steht nicht im Text.
5) Warum wohnten die Indianer in Zelten?
○ Sie kannten keine Häuser.
⊙ Sie waren umherziehende Jäger.
○ Sie finden Zelte gemütlicher als Häuser.
Hier gibt es mehrere richtige Antworten:
6) Wie jagten die Indianer die Bisons?
⊙ mit Speeren
⊙ mit Pfeil und Bogen
○ mit Gewehren
○ mit Seilen

Arbeitsblatt S. 40 📖

Selbstüberprüfung
Was machen gute Leser?
⊙ Sie stoppen bei schwierigen Wörtern und klären sie.
○ Sie lernen den Text auswendig.
⊙ Sie stellen viele Fragen an den Text.
⊙ Sie machen sich Notizen zum Text.
○ Sie schreiben den Text einmal ab.
○ Sie lesen schwierige Wörter mehrmals und lesen dann weiter.
⊙ Sie überlegen, was ihnen zur Überschrift einfällt.
○ Sie lesen zuerst den letzten Satz eines Textes.
○ Sie lesen den Text einmal durch und wissen dann alles.
⊙ Sie kontrollieren, ob sie alles verstanden haben.
○ Sie unterstreichen alle Sätze.
⊙ Sie fragen sich bei einer Geschichte, welches Ziel / welchen Auftrag eine Person hat.
○ Sie fragen sich bei einer Geschichte, ob sie langweilig ist.
○ Sie überfliegen den Text und lesen nur die wichtigen Sätze durch.
⊙ Sie lesen den Text Satz für Satz genau durch.
⊙ Sie fassen den Text zusammen, wenn sie sich den Inhalt behalten wollen.

Ziele	Übender Einsatz der Checkliste
Material	Kopien: Checkliste zum Abhaken (Anhang, S. 65) Arbeitsblatt: „Indianer", S. 37 📖 Arbeitsblatt: „Fragen zu den Indianern", S. 39 📖 Kopien: Lesedetektiv-Urkunde (Anhang, S. 68)
Üben	**Weiterführen der Checkliste** Gemeinsam entscheiden, ob es sich bei dem vorliegenden Text um einen Sach-text oder um eine Geschichte handelt. **DM 4 auf den Text anwenden** Fragen zu dem Text entwickeln und über Notizen beantworten. Anschließend eine Zusammenfassung schreiben lassen. **DM 4 prüfen** Zum Schluss prüfen wir, ob wir die Methode richtig gut angewendet haben. Vorschläge zur Umsetzung: Schüler stellen sich gegenseitig Fragen zum Text Arbeitsblatt: „Fragen zu den Indianern" Lehrer stellt drei bis fünf inhaltliche Fragen zum Text Als Hausaufgabe eigene Tests/ Kreuzworträtsel entwickeln lassen, die Mitschü-ler in der folgenden Stunden ausfüllen müssen.
Abschluss	**Urkunden ausstellen und auf die künftige Verwendung der Methoden im Unterricht verweisen**
Wichtige Hinweise	Bei der DM 4 sollen die Schülerinnen und Schüler ihr Verstehen und Behalten selbstständig überprüfen. Neben der Anwendung des Arbeitsblattes ist es daher sinnvoll, die Schüler selbst noch einmal Fragen entwickeln zu lassen, mit denen sie die DM 4 selbst überprüfen können.
Weitere Anregungen	Zum weiteren Üben der Checkliste an einer Geschichte steht Ihnen im Anhang, S. 69, die Detektivgeschichte „Fehler mit Folgen" zur Verfügung.

Hausauf-gabe	Reflexion zu den Eigenschaften eines guten Lesers
Material	Arbeitsblatt: „Selbstüberprüfung", S. 40 📖
Selbst-überprüfung	**Arbeitsblatt: „Selbstüberprüfung" ausfüllen lassen**
Wichtige Hinweise	Das Arbeitsblatt sollte in der Folgestunde gemeinsam besprochen werden. Den Schülerinnen und Schülern soll in der gemeinsamen Reflexion deutlich werden, dass guter Leser aktiv mit Texten umgehen, um diese besser zu verstehen.

Im Anhang finden Sie Folien- und Kopiervorlagen zu den
Trainingseinheiten, Texte und Arbeitsblätter, Kopiervorlagen für
das Checkliste-Lesezeichen und die Lesedetektiv-Urkunde, die Sie
nach erfolgreichem Training zu Belohnung verteilen können, sowie
einen Test zur Prüfung des Leseverstehens.

Der Streich

Es war kein Tag wie jeder andere. Eine Lehrerin der Schule rief alle Schüler in den Schulhof, um ihnen etwas Wichtiges zu sagen. Und dort warteten sie jetzt. Die Lehrerin hatte einen Zettel in der Hand und alle schauten sie an. Sie sagte: »Ich habe euch Eintrittskarten für einen Besuch im Dinosaurier-Museum gekauft. Doch nun hat uns jemand einen Streich gespielt. Die Karten sind verschwunden und ich habe diese Nachricht gefunden.«

Dann las sie laut vor, was auf dem Zettel stand: »Wenn ihr das Rätsel in der Schulbücherei löst, findet ihr die Eintrittskarten.« Alle Schüler machten sich auf den Weg zur Bücherei. Einige schauten sich kurz darin um, sahen nichts Besonderes und gingen wieder hinaus. Ein paar andere suchten in der Bücherei nach den Eintrittskarten, fanden sie aber nicht. Eine kleine Gruppe von Schülern schaute sich jedoch sehr sorgfältig um. Sie sahen, dass jedes Buch einen Buchstaben auf dem Rücken hatte, das war immer so. Aber normalerweise standen die Bücher geordnet im Regal. Bücher mit dem Buchstaben A standen vorn in der Reihe, dann Bücher mit B und so weiter. Heute aber standen sie durcheinander. Die Schüler sahen sich die Bücher genau an und dachten in Ruhe nach. Dann kamen sie auf die Idee, die Buchstaben der Reihe nach auf einen Zettel zu schreiben.

Und siehe da, es funktionierte. Jemand hatte die Bücher so ins Regal gestellt, dass sich folgender Text ergab: »Ihr seid gute Detektive! Die Eintrittskarten sind bei mir. Euer Schulleiter.« Die Schüler gingen zurück zu den anderen und erzählten ihnen, was sie entdeckt hatten. Alle lachten über den Streich des Schulleiters und freuten sich über das Lob und die Eintrittskarten.

Merkblatt

Detektivmethode 1:
Überschrift beachten!

Die Detektivmethode 1 gehört zu den
<u>Verstehens</u>methoden.

Was mache ich zuerst?
Ich lese zuerst <u>die Überschrift.</u>
Dann <u>stoppe ich.</u>

Ich stelle mir zu der Überschrift folgende Fragen und
beantworte sie.
<u>Was weiß ich schon zu dem Text?</u>
<u>Wovon handelt die Geschichte?</u>

Danach lese ich <u>den Text einmal langsam durch.</u>

Was mache ich nach dem Lesen?

Ich schaue im Text nach, <u>ob meine Überlegungen zum</u>
<u>Text gepasst haben.</u>

Warum benutze ich die Methode?
<u>Ich denke vor dem Lesen schon über den Text nach.</u>
<u>Dadurch verstehe ich ihn besser.</u>

Merkblatt

Detektivmethode 2:
Umgang mit Textschwierigkeiten

Die Detektivmethode 2 gehört zu den
<u>Verstehens</u>methoden.

Was mache ich bei einem schwierigen Wort?

<u>Ich stoppe und markiere das Wort.</u>

Wie kann ich das schwierige Wort klären?

<u>Ich schaue im Text nach, ob das Wort erklärt wird.</u>
<u>Ich schaue im Lexikon nach.</u>
<u>Ich frage jemanden.</u>

Was mache ich nach dem Klären des Wortes?

<u>Ich lese den Satz noch einmal und schaue, ob ich ihn nun
besser verstehe.</u>

Merkblatt

Detektivmethode 3:
Zusammenfassen von Geschichten

Die Detektivmethode 3 gehört zu den <u>Behaltens</u>methoden.

Wenn ich eine Geschichte kürzer machen will, stelle ich folgende Fragen an den Text und mache mir Notizen:
- <u>Wer sind wichtige Personen?</u>
- <u>Wie fängt die Geschichte an?</u>
- <u>Was haben die Personen vor? Welches Ziel / welchen Auftrag haben die Personen?</u>
- <u>Was passiert der Reihe nach? Welches Problem gibt es?</u>
- <u>Wie geht die Geschichte aus?</u>

Wenn ich mir Notizen zum Text mache, helfen mir folgende Fragen:
- <u>Was war das Ziel / der Auftrag der Person?</u>
- <u>Hat die Person dieses Ziel erreicht? Hat sie den Auftrag erfüllt?</u>
- <u>Wenn ja, wie? Wenn nein, warum nicht? Was war das Problem?</u>

Warum soll ich Geschichten zusammenfassen?
<u>Wenn ich die wichtigen Informationen einer Geschichte zusammenfasse, verstehe ich besser, worum es in der Geschichte geht. Die Zusammenfassung hilft mir, den Inhalt der Geschichte besser zu behalten.</u>

Merkblatt

Detektivmethode 4:
Zusammenfassen von Sachtexten

Die Detektivmethode 4 gehört zu den <u>Behaltens</u>methoden.

Wenn ich einen Sachtext lese, frage ich mich zuerst:
– <u>Worum geht es? (Was wird erklärt?)</u>
– <u>Was ist das Thema des Textes? (Die Überschrift hilft</u>
  <u>mir häufig dabei)</u>

Was mache ich nach jedem Abschnitt?
<u>Ich stoppe und stelle mir Fragen zu dem Abschnitt / zu</u>
<u>dem Satz. Ich schreibe die Fragen an die Seite und</u>
<u>beantworte sie in kurzen Worten.</u>

Was mache ich mit den Notizen?
<u>Ich lese die Notizen durch. Mit den Notizen schreibe ich</u>
<u>einen eigenen Text zu dem Thema.</u>

Wie soll meine Zusammenfassung aussehen?
<u>Ich vergleiche sie mit dem Text und prüfe:</u>
<u>Ist sie kürzer als der Text? Sind alle wichtigen</u>
<u>Informationen aus dem Text in meiner Zusammenfassung?</u>

Warum soll ich Fragen stellen und beantworten?
<u>Ich verstehe den Text besser. Ich behalte die wichtigen</u>
<u>Informationen leichter.</u>

Die Tarnung

1   Das Leben in der freien Natur ist sehr gefährlich. Deshalb benutzen Tiere

2   eine Tarnung, um sich vor ihren Feinden zu schützen. Mit der Tarnung

3   können sie von anderen Tieren nicht gesehen werden. Viele **Wüstentiere**

4   graben sich im Sand ein und verstecken sich so vor ihren Feinden. Andere

5   sehen aus wie Zweige, um ihre **Gegner** auszutricksen. Aber die Tiere

6   benutzen ihre Tarnung nicht nur, um sich vor ihren Feinden zu schützen.

7   Sie können so auch selbst besser jagen.

8   Die Eisbären jagen in **arktischen Gebieten** und sind deshalb einfach weiß.

9   Sie können im Schnee nicht gesehen werden. So kommen sie ganz nahe an

10 ihre **Beutetiere** heran.

11 Tarnung gibt es aber nicht nur bei Tieren, sondern auch beim **Militär**. Die

12 Soldaten haben Hosen und Jacken mit grünen, braunen und schwarzen

13 Flecken. Damit können sie sich in Wäldern gut verstecken.

14 Auch Detektive tarnen sich. Sie wollen **Verdächtige** beobachten und

15 verstecken sich hinter Häusern, hinter einer Zeitung oder im Auto. So

16 werden sie nicht gesehen und können ihren Fall lösen.

**Wenn du alle schwierigen Wörter gelöst hast,
kannst du folgende Fragen beantworten:**

1) Das weiße Fell der Eisbären ist eine _____.

2) Eisbären leben dort, wo es sehr kalt ist. Sie leben in

_____.

3) Tiere, die von anderen Tieren gejagt werden, sind

_____.

4) Was ist das Militär?

_____

_____

5) Was sind Verdächtige?

_____

_____

6) Wofür brauchen Tiere eine Tarnung?

_____

_____

_____

Die verpatzte Klassenarbeit

1 Adrian sitzt in seiner Klasse 5d und langweilt sich. Hin und wieder schaut er
2 aus dem Fenster. Oder er unterhält sich leise mit seinem Nachbarn Dennis.
3 Seiner Mathematiklehrerin Frau Söngen hört er gar nicht zu. „Adrian, wenn du
4 nicht aufpasst, wirst du morgen Schwierigkeiten haben, eine gute Note in der
5 Mathematikarbeit zu schreiben!", ermahnt ihn Frau Söngen nun zum dritten
6 Mal in der Stunde. „Paah!", denkt Adrian, „die Arbeit schreibe ich doch im
7 Schlaf. Da muss ich ja nur multiplizieren." Als Hausaufgabe bekommen die
8 Schüler auf, sich die Textaufgaben im Mathematikbuch noch einmal genau
9 anzusehen und zu üben. Doch Adrian hat keine Lust auf Hausaufgaben. Er
10 feuert zu Hause seinen Ranzen in die Ecke und spielt lieber Fußball.
11 Am nächsten Tag ist die Klassenarbeit. Als Adrian die Textaufgaben liest,
12 wird ihm abwechselnd ganz heiß und kalt vor Schreck. So schwierig hatte er
13 sich die Aufgaben nicht vorgestellt. Die ganze Stunde versucht er die
14 Aufgaben zu lösen. Aber es gelingt ihm nicht.
15 Als er seine Arbeit zurückbekommt, ist er der Einzige, dessen Arbeit mit
16 mangelhaft bewertet wurde. Adrian ärgert sich über seine schlechte Note.
17 „Da habe ich mich wohl etwas überschätzt. Vielleicht sollte ich im Unterricht
18 doch aufpassen und mich auf die nächste Klassenarbeit besser vorbereiten",
19 denkt Adrian, „denn das nächste Mal möchte ich nicht Schlechtester in der
20 Klasse sein."

Tanja schreibt in ihr Heft:

Die verpatzte Klassenarbeit

1 Adrian passt im Mathematikunterricht nicht auf. Auch die Hausaufgaben
2 macht er nicht und geht stattdessen Fußballspielen. Dabei wird in seiner
3 Klasse am nächsten Tag eine Mathematikarbeit geschrieben. Er denkt, dass er
4 die Textaufgaben schon alle richtig lösen kann.
5 Während der Klassenarbeit taucht dann das Problem auf, dass die
6 Textaufgaben für Adrian zu schwierig sind. Er kann keine Aufgabe lösen. Er
7 bekommt die schlechteste Note in der Klasse. Das ärgert Adrian. Um bei der
8 nächsten Klassenarbeit besser zu werden nimmt er sich vor, im Unterricht
9 aufzupassen und sich besser vorzubereiten.

Der Löwe und der Hase

1 Ein Löwe hatte Hunger und wollte etwas essen. Er fand einen Hasen, der in

2 tiefen Schlaf versunken war. Der Löwe wollte ihm gerade den Garaus

3 machen, als er einen schönen, jungen Hirsch vorbeilaufen sah. Der Löwe ließ

4 den Hasen liegen und begann den Hirsch zu jagen. Der Hase jedoch

5 erwachte durch den Lärm und rannte schnell davon. Nach einer langen Jagd

6 musste der Löwe einsehen, dass er den Hirsch nicht fangen konnte. Er ging

7 zurück, um den Hasen zu verzehren. Doch der Hase war weg. Als der Löwe

8 das sah, sagte er: „Das geschieht mir Recht. Ich hätte den Hasen fressen

9 können, aber ich verschmähte ihn, nur weil ich den großen Hirsch

10 bekommen wollte. Das nächste Mal werde ich mich mit einem kleinen Fang

11 zufrieden geben und nicht versuchen, einem großen Tier nachzujagen."

Schreibe eine Zusammenfassung zur Geschichte. Du kannst dafür auch die Detektivkärtchen benutzen.

_____

_____

_____

_____

_____

_____

_____

_____

_____

_____

Was sind eigentlich Detektive?

1   Detektive gibt es schon lange. Der Detektivberuf wurde vor 250 Jahren in

2   England erfunden. Dort wurde auch die erste richtige Stadtpolizei der Welt

3   gegründet. Noch heute werden in England, Amerika und vielen anderen

4   Ländern die Kriminalpolizisten „Detektive" genannt. Dort kann ein Detektiv

5   auch ein Polizist sein. In Deutschland sind Detektive keine Polizisten, aber

6   sie helfen der Polizei. Detektive haben viele Aufgaben.

7   Sie suchen verschwundene Menschen oder helfen bei der Verfolgung von

8   Verbrechern. Aber sie arbeiten auch im Kaufhaus und suchen dort nach

9   Dieben. Ein guter Detektiv stellt sich viele Fragen und beobachtet ganz

10 genau. Was ist passiert? Wo ist es passiert? Wie ist es passiert und wann?

11 Ganz wichtig für Detektive sind Spuren. Jeder Mensch hinterlässt Spuren.

12 Der Detektiv interessiert sich für Haare auf dem Teppich, einen

13 Schuhabdruck im Garten, einen Papierkorb und so weiter. Das alles wird

14 fotografiert, gezeichnet und abgemessen. Abdrücke von Schuhsohlen

15 verraten zum Beispiel, welche Schuhe der Täter trug. Vielleicht sind es

16 Schuhe, die es nur in bestimmten Geschäften gibt. Dort kann man dann

17 nachfragen, wer solche Schuhe in letzter Zeit gekauft hat.

18 Detektive müssen also sehr aufmerksam sein, um ihre Fälle gut zu lösen.

**Schreibe eine Zusammenfassung zu dem Sachtext. Das Detektivkärtchen
DM 4 hilft dir dabei.**

Verstehensmethoden	Behaltensmethoden
Detektivmethode Nr. 1 Überschrift beachten **Ablauf:** Fragen stellen: Was weiß ich schon über das Thema des Textes? *oder* Wovon könnte der Text handeln.? **Anwendung:** Ich wende die Methode vor dem Lesen eines Textes an.	**Detektivmethode Nr. 3** Zusammenfassen von Geschichten **Ablauf:** Ich lese den Text Satz für Satz und frage mich: 1. Welche Personen gibt es? Wer ist wichtig? 2. Wie geht die Geschichte los? 3. Welches Ziel / welchen Auftrag haben die Personen? 4. Was passiert? Welches Problem taucht auf? 5. Wie geht die Geschichte aus? Ich schreibe mir die Antworten stichpunktartig auf. Ich schreibe aus den Notizen eine Zusammenfassung in eigenen Worten. Ich frage mich dazu: Hat die Person ihr Ziel erreicht? Wenn ja, wie? Wenn nein: Was für ein Problem gab es? Zum Schluss schaue ich, ob die Zusammenfassung kürzer ist als der Text. Ich prüfe, ob jemand, der die Zusammenfassung liest, alle Informationen hat, um die Geschichte zu verstehen. **Anwendung:** Ich wende die Methode an, wenn ich den Inhalt einer Geschichte gut verstehen und behalten will.
Detektivmethode Nr. 2 Umgang mit Textschwierigkeiten **Ablauf:** Ich lese nicht weiter, markiere das schwierige Wort und kläre es: 1. Ich schaue im Text nach. 2. Ich schaue im Lexikon nach. 3. Ich frage eine Person. **Anwendung:** Ich wende die Methode bei unbekannten Wörtern an.	**Detektivmethode Nr. 4** Zusammenfassen von Sachtexten **Ablauf:** Ich frage mich: Was ist das Thema des Textes? Ich formuliere zu jedem Satz / Abschnitt eine Frage und beantworte sie in Stichpunkten. Ich schreibe aus den Notizen eine Zusammenfassung in eigenen Worten. Zum Schluss schaue ich, ob die Zusammenfassung kürzer als der Text ist und ob ich ca. fünf Fragen zum Text beantworten kann. **Anwendung:** Ich wende die Methode an, wenn ich wichtige Informationen gut verstehen und behalten will.

Checkliste für Lesedetektive

1. Vor dem Lesen
☐ wende ich zuerst die DM 1 an.

2. Ich lese den Text einmal durch und
☐ wende die DM 2 an.

3. Nach dem ersten Lesen beantworte ich folgende Fragen:
☐ DM 1 → Passen meine Überlegungen zur Überschrift? Welche Überschrift wäre auch passend gewesen?
☐ DM 2 → Kenne ich alle schwierigen Wörter?

----

4. Ich entscheide mich:
☐ Ist es ein Sachtext?
☐ Ist es eine Geschichte?

5. Ich lese den Text ein zweites Mal durch und
☐ wende je nach Textart die DM 3 oder DM 4 an.

6. Wenn ich meine Zusammenfassung geschrieben habe, prüfe ich
☐ die DM 3 → Weiß jemand, wenn er meine Zusammenfassung liest, worum es in der Geschichte geht?
ODER
☐ die DM 4 → Stehen alle wichtigen Informationen aus dem Text in meiner Zusammenfassung? Kann ich drei bis fünf Fragen zum Text stellen und beantworten?

☐ Ist meine Zusammenfassung kürzer als der Text?

Lesezeichen für: _____

Checkliste für Lesedetektive

**Gehe beim Lesen nach der Checkliste vor
und hake die Schritte ab ☑, die du gemacht hast.**

1. Vor dem Lesen
☐ wende ich zuerst die DM 1 an → Überschrift beachten.

2. Ich lese den Text einmal durch und
☐ wende die DM 2 an → Textschwierigkeiten lösen.

3. Nach dem ersten Lesen beantworte ich folgende Fragen:
☐ Zur DM 1 → Passen meine Überlegungen zur Überschrift?
   Welche Überschrift wäre auch passend gewesen?
☐ Zur DM 2 → Alle schwierigen Wörter gelöst?

4. Ich entscheide mich:
☐ Ist es ein Sachtext?
☐ Ist es eine Geschichte?

5. Ich lese den Text ein zweites Mal durch und
☐ wende je nach Textart die DM 3 oder DM 4 an
   → Zusammenfassen des Sachtextes bzw. der Geschichte

**6. Wenn ich meine Zusammenfassung geschrieben habe,
   prüfe ich**
☐ die DM 3 → Weiß jemand, wenn er meine Zusammenfassung
   liest, worum es in der Geschichte geht?
ODER
☐ die DM 4 → Stehen alle wichtigen Informationen aus dem Text
   in meiner Zusammenfassung? Kann ich ca. fünf Fragen zum Text
   stellen und beantworten?

☐ Ist meine Zusammenfassung kürzer als der Text?

Indianerkämpfe

1 In Amerika gab es viele Indianerstämme. Manchmal stritten sie sich um

2 ergiebige Jagdgründe. Das sind Gebiete, die sich besonders gut zur Jagd

3 eignen, weil in ihnen viele Bisons oder andere Tiere leben. Manche

4 Auseinandersetzungen konnten so heftig werden, dass einzelne

5 Indianerstämme gegeneinander in den Krieg zogen. Dann bemalten sich die

6 Krieger im Gesicht und auf dem Körper mit Zeichen. Die Zeichen sollten sie

7 im Kampf beschützen.

8 Um feindliche Lager zu entdecken, schickten die Indianer einen Späher aus.

9 Hatte der ein feindliches Lager entdeckt, ließ er geheime Rauchsignale

10 aufsteigen. Diese Rauchzeichen waren bis zu 80 Kilometer weit zu sehen.

11 Ging der Kampf dann los, ritten die Indianer mit großem Kriegsgeschrei

12 aufeinander zu. Gekämpft wurde mit Pfeil und Bogen, Speeren und kleinen

13 Äxten. War ein Kampf zu Ende rauchten die Häuptlinge der beiden

14 Indianerstämme zum Zeichen des Friedens die Friedenspfeife.

Schreibe eine Zusammenfassung zu dem Text.

_____

_____

_____

_____

_____

_____

_____

_____

Das Tipi

1 Die Indianerstämme, die in den weiten Ebenen Amerikas umherzogen und

2 Bisons jagten, lebten in Tipis. So nennt man ein Indianerzelt. In der

3 Sprache der Siouxindianer bedeutet Tipi soviel wie „in ihm leben".

4 Ein Tipi war sehr praktisch, denn es war in einer halben Stunde auf- oder

5 abgebaut und konnte mühelos transportiert werden. Um ein Tipi zu bauen

6 benötigten die Indianer lange Stangen aus Holz und Bisonhäute. Die Stangen

7 stellten sie kegelförmig auf und bedeckten diese mit zusammengebundenen

8 Bisonhäuten. Da die Männer sich um die Jagd kümmerten, war der Aufbau

9 eines Tipis Sache der Frauen. Jedes Indianerzelt hatte in seiner Mitte eine

10 Feuerstelle. Damit der Rauch aus dem Zelt abziehen konnte, gab es an der

11 Zeltspitze zwei Klappen. Von außen war ein Tipi reich verziert. Anhand der

12 Zeichen und Muster konnten die Indianer erkennen, wer darin wohnte.

Schreibe eine Zusammenfassung zu dem Text.

_____

_____

_____

_____

_____

_____

_____

_____

_____

Lesedetektiv-Urkunde

....

hat erfolgreich die Ausbildung zum/zur Lesedetektiv/in absolviert.

Datum:

....

Ausbildungsstätte:

....

Ausbilder:

....

Fehler mit Folgen

1   Leon Langfinger, ein der Polizei bekannter Einbrecher in Frankfurt, wollte

2   den Coup des Jahrhunderts landen. Der Einbruch in das Schmuckgeschäft

3   „Rubino" war genau geplant. Er brauchte nur noch seinen Koffer zu packen:

4   die Handschuhe zur Vermeidung von Fingerabdrücken, seine Taschenlampe

5   und ein Seil, um vom Dachfenster in den Verkaufsraum zu gelangen.

6   1 Uhr 45. Leon kletterte vom Dach des Hauses an seinem Seil hinunter in

7   den Verkaufsraum. Als er fast am Boden war, stieß er mit seinem Schuh

8   einen großen silbernen Blechmülleimer um. „Mist", fluchte Langfinger,

9   packte den Eimer und stellte ihn auf den Ladentisch. Leon knipste seine

10 Taschenlampe an. Um keine Spuren zu hinterlassen, schlüpfte er in seine

11 weißen Handschuhe. Dann sammelte er den ganzen kostbaren Schmuck ein:

12 Ringe, Goldketten und Diamanten. 12 Minuten später hatte er alles in seinem

13 Koffer verstaut, knipste die Taschenlampe aus und legte sie in den Koffer.

14 Zum Schluss kletterte er wieder aufs Dach zurück. Dort rollte er sein Seil

15 ein. „Die werden nie auf mich kommen!" Lachend zog Leon Langfinger seine

16 Handschuhe aus und machte sich auf den Weg nach Hause.

17 Um 3.20 Uhr erreichte Leon seine Wohnung. Er versteckte Schmuck und

18 Koffer unter einem Dielenbrett. Dann legte er sich beruhigt schlafen.

19 Um 8 Uhr klingelte es an der Tür. Leon öffnete müde. Polizist Müller stand

20 vor der Tür und rasselte vergnügt mit den Handschellen. „Ein genialer

21 Einbruch, Langfinger. Wäre nicht dieser dumme Fehler gewesen, ..."

Um welchen Fehler handelte es sich?

Neue Turnschuhe

Zu der Geschichte gehören Fragen mit mehreren Antworten. Bitte lies zuerst und beantworte dann die Fragen. Kreuze das Feld an, hinter dem die richtige Antwort steht! Du darfst zu jeder Frage nur eine Antwort ankreuzen.

Als Felix aufwacht, ist er sehr aufgeregt. Heute findet ein großer Wettlauf in der Stadtmitte statt. Felix hat schon seit Wochen für dieses Rennen trainiert und ist sich sicher so schnell zu sein, dass er Erster, Zweiter oder Dritter werden kann. Er möchte einen der tollen Preise bekommen, die man bei dem Wettlauf gewinnen kann: Der erste Preis ist ein Fahrrad, der zweite ein Paar neue Turnschuhe und der dritte ein Basketball. Felix hat sich vorgenommen, den Preis seiner Schwester Anna zu schenken. Die Eltern von Anna und Felix sind nicht reich und können kein Fahrrad für die Kinder kaufen. Auch Annas Turnschuhe sind schon ziemlich alt und kaputt. Zu Annas Geburtstag in einer Woche wären ein Fahrrad oder neue Turnschuhe eine tolle Überraschung. Felix geht also in die Stadtmitte. Er ist sehr zuversichtlich, dass er wenigstens Zweiter wird. Gleich fängt das Rennen an! Die Stimmung ist toll! Eltern, Freunde, Trainer – alle sind da. Die Teilnehmer an dem Rennen haben ihre Plätze eingenommen. Der Startschuss fällt und die Schüler rennen los. Sofort ist Felix vorn bei den schnellsten Läufern mit dabei. Kurz vor dem Ziel ist nur noch ein Läufer vor ihm. Da kommt ein anderer Junge von hinten und hat ihn schon fast eingeholt. Er stößt mit Felix zusammen, so dass Felix stolpert und fällt. Schnell steht Felix wieder auf, aber er kommt nur als Vierter ins Ziel. Der Junge, der mit ihm zusammengestoßen ist, wird Zweiter. Sehr traurig sieht Felix zu, wie die drei Schnellsten ihre Preise bekommen. Ganz unerwartet kommt da der Junge, der Zweiter geworden ist und sagt: „Es tut mir leid, dass du gefallen bist." Und er schenkt Felix die Turnschuhe.

1. Wer will an dem Wettrennen teilnehmen ?

○   Felix und sein Bruder

○   Felix

○   Felix und seine Schwester

○   Felix und Anna

2. Wann ist eine Person „zuversichtlich"?

○   wenn sie sich sicher fühlt

○   wenn sie ärgerlich ist

○   wenn sie sich ängstlich fühlt

○   wenn sie sich freut

3. Warum will Felix an dem Wettrennen teilnehmen?

○   Er will seiner Schwester den Preis schenken.

○   Er will das Fahrrad haben.

○   Er will dort seine Freunde treffen.

○   Er will den Basketball gewinnen.

4. Woran kann man erkennen, dass das Wettrennen angefangen hat?

○   Ein Mann rennt los.

○   Ein Mann ruft: „Los."

○   Ein Mann gibt einen Startschuss ab.

○   Ein Mann pfeift laut.

5. Welche Überschrift passt am besten zur Geschichte?

○   Felix und Anna

○   Die arme Familie

○   Der traurige Felix

○   Das Geschenk

6. Warum verschenkt der Junge, der Zweiter wurde, seinen Preis?

○   weil ihm sein Preis nicht gefallen hat

○   weil er fair ist und Felix ohne den Zusammenstoß gewonnen hätte

○   weil ihm die neuen Turnschuhe nicht gepasst haben

○   weil er traurig ist, dass Annas Schuhe so kaputt sind

Fragen zur Geschichte

Zum Schluss gibt es noch fünf Fragen zu der Geschichte.
Schreibe in eigenen Worten die Antworten auf.

1. **Gibt es eine oder mehrere <u>wichtige</u> Personen in der Geschichte?**
   Schreibe die Namen auf:

   _____

2. **Welches Ziel hat der Junge? Was wollte er im Wettrennen?**

   _____

   _____

3. **Was passiert? Welches Problem taucht auf?**

   _____

   _____

   _____

4. **Wie endet die Geschichte?**

   _____

   _____

   _____

5. **Hat Felix sein Ziel erreicht? Schreibe ein bis zwei Sätze dazu auf.**

   _____

   _____

   _____